MAURICE THIÉRY

BOUGAINVILLE

SOLDAT ET MARIN

PARIS

ÉDITIONS PIERRE ROGER

54, RUE JACOB, 54

BOUGAINVILLE

SOLDAT ET MARIN

MAURICE THIÉRY

BOUGAINVILLE

SOLDAT ET MARIN

Illustrations et Cartes de M. Raoul Guinot

PARIS

ÉDITIONS PIERRE ROGER

54, RUE JACOB, 54

Il a été tiré 25 exemplaires sur vergé d'Écosse.

Note de l'Auteur

Le but que nous nous sommes proposé en écrivant cette vie de Bougainville a été de présenter au public, sous une forme aussi simple que possible, les différents aspects d'une des personnalités les plus étonnantes que le monde ait connues. Le nom de Bougainville est passé à la postérité comme celui du premier navigateur français ayant fait le tour du monde.

Cet exploit a terni l'éclat de tous les autres rayonnements qui ont illuminé la longue et prodigieuse existence de notre héros. Bougainville a été un homme universel et son étoile a brillé dans le firmament de la science, de la diplomatie, de l'armée et de la marine royale, aussi bien que dans celui de la navigation.

Pour mieux illustrer le caractère de ce grand Français, chez qui se mêlaient à une formidable énergie une humanité profonde et une délicate sensibilité, en même temps qu'une extraordinaire faculté d'observation, nous avons donné de nombreux extraits de ses lettres et de ses journaux de voyage. En un mot, nous avons tenté de faire revivre Louis-Antoine de Bougainville dans une biographie sans prétention, pour laquelle nous n'avons recherché d'autre ornement que la vérité et la clarté.

Il nous eût été impossible de mener à bien notre tâche sans la généreuse courtoisie de Mme de Kérallain, veuve de l'arrière-petit-fils de Bougainville, laquelle a bien voulu nous confier certains des admirables ouvrages de son mari que nous n'avions pu nous procurer. Ce que M. de Kérallain a écrit sur son illustre ancêtre, relativement à la guerre du Canada et aux guerres d'Amérique, est complet et définitif. Si la mort n'était venue interrompre ses travaux, ce grand érudit eût édifié à la mémoire de Bougainville un merveilleux monument de biographie historique.

Parmi le nombre considérable de manuscrits, de journaux, de revues et d'ouvrages que nous avons consultés en vue de l'élaboration de ce livre, nous tenons à citer tout particulièrement, en dehors des œuvres de M. de Kérallain, qui ont constitué notre documentation la plus solide pour la première et la troisième partie : *Montcalm et Lévis*, par l'abbé Casgrain ; l'*Histoire de la guerre de Sept ans*, par Richard Waddington ; *Histoire d'un voyage aux îles Malouines, fait en 1763 et en 1764*, par Dom Pernetty, aumônier de l'*Aigle* ; *la Nouvelle Cythère*, Journal de Fesche, si remarquablement préfacé par M. Jean Dorsenne ; les excellents articles de M. Charles de la Roncière dans la *Revue hebdomadaire* et dans la *Géogra-*

phie, et enfin la vivante et délicieuse évocation de *Bougainville et ses compagnons,* par M. Jean Lefranc.

Nous ne pouvons passer sous silence le très aimable accueil que nous avons reçu de M. le comte de Cathelineau, aux Archives publiques du Canada, ni l'inlassable complaisance de M. Christian de Parrel, pour qui le dix-huitième siècle n'a plus de secrets et qui nous a été d'un secours précieux, grâce à la sagesse de ses conseils et aux trésors de son érudition.

A Mme de Kérallain et à ces deux éminents historiens, nous exprimons, au seuil de ce livre, notre gratitude la plus fervente et la plus absolue.

Maurice THIÉRY.

PREMIÈRE PARTIE

LA JEUNESSE ET LA GUERRE AU CANADA

LOUIS-ANTOINE DE BOUGAINVILLE
MARÉCHAL DE CAMP. — CHEF D'ESCADRE
(1729-1811)
D'après le portrait peint par Caillat ; appartenant à Mme de Kérallain.)

CHAPITRE PREMIER

Les Méditations
de Madame de Pompadour

Mme de Pompadour venait de se retirer dans l'adorable boudoir de son château de Bellevue. La favorite promena un regard distrait sur les clairs panneaux, où les amours roses de Boucher folâtraient dans un nid de verdure, parmi les blancs moutons et les blondes bergères. Insensible à l'harmonie de couleurs qui l'entourait, elle se laissa tomber dans un fauteuil et ses yeux d'azur infini qui avaient fait la conquête d'un roi se voilèrent à demi. Mme de Pompadour rêvait... Sous son front d'une pureté de lis, voltigeaient des pensées confuses. Elle revoyait, dans un éclair, les étapes de sa prodigieuse ascension. Jeanne Poisson, devenue marquise, puis duchesse de Pompadour, car Louis XV, pour sa fête, lui avait donné le tabouret de duchesse ! Sa place à la cour était près de la reine ; les princesses du sang lui devaient, selon l'étiquette, le baiser sur le front ; la première de ses femmes était une demoiselle de qualité ; un chevalier de Saint-Louis portait dans les cérémonies la queue traînante de sa robe... Le jeune prince de Condé et le prince de Conti venaient presque chaque jour déposer leurs fervents hommages à ses pieds de déesse. Toute la haute noblesse de France devait, bon gré mal gré, s'incliner devant elle. Voltaire lui prodiguait ses madrigaux les plus exquis ; les jésuites la maudissaient, mais les philosophes la bénissaient et les artistes la divinisaient. Les ambassadeurs étrangers commettaient souvent la charmante méprise de la prendre pour la reine... Mais au fait, n'était-elle pas la seule reine ? Ne régnait-elle pas sur le cœur du roi et ne régnait-elle pas sur la France ? Depuis plus de dix ans, — on était au début de 1756, — son empire était presque absolu. C'était suivant ses avis que se faisaient la guerre et la paix et selon ses caprices que s'élevaient ou tombaient les ministres et les généraux. La nonchalance du roi s'accentuait et certaines de ses résistances tendaient à disparaître. Et puis, elle seule savait distraire l'éternel ennuyé. Elle avait créé pour lui tout un Eldorado de féeries. Les jardins enchantés de Bellevue, avec leurs somptueux bassins de marbre, leurs conques de porphyre et leurs mille statues d'aimables divinités, les soupers raffinés, les spectacles délicats tels que *Vénus et Adonis*, où elle-même jouait un rôle, celui de *Vénus*, bien entendu : tout cela, c'était pour enchaîner à jamais à son tabouret de duchesse l'homme que l'imprudente destinée avait mis sur le trône de France.

Mais la couronne de gloire et de puissance qui l'auréolait n'était point sans épines. On chantait chaque jour dans les rues de Paris des refrains orduriers, où le nom de Jeanne Poisson revenait trop souvent. Impossible d'endiguer la verve populaire. Tant pis ; d'ailleurs, cette boue du ruisseau ne tâchait pas la robe de soie d'une Pompadour. Par contre, Frédéric de Prusse ricanait à ses dépens et la salissait de ses stupides couplets satiriques, dans lesquels il l'appelait Sa Majesté Cotillon III. Le sarcasme d'un roi flétrissait plus que l'injure d'un peuple. Elle saurait se venger. N'avait-elle pas l'amitié d'une impératrice ? Marie-Thérèse d'Autriche, lorsqu'elle lui écrivait, la nommait « ma bonne amie » et même « ma cousine ». Frédéric II saurait ce qu'il en coûte de railler la duchesse de Pompadour. Elle pousserait Louis XV à faire alliance avec l'Autriche contre la Prusse et elle montrerait à ce « monarque éclairé » que la rancune d'une femme est autrement terrible que la défaite d'une armée ou que l'échec d'une diplomatie.

Il n'y avait pas que cet affreux Prussien qui lui causait des soucis. Des nuages s'amoncelaient du côté de l'Angleterre, où Pitt, animé d'un patriotisme farouche, menait une campagne acharnée contre la France. La paix d'Aix-la-Chapelle n'avait été qu'une trêve imposée à l'Europe par l'épuisement général des nations. L'Angleterre, vieille femme jalouse, ne pouvait supporter la prospérité

de l'empire colonial français et le magnifique
rétablissement de notre marine. L'épanouissement
de la France aux Indes et au Canada provoquait
des insomnies chez les hommes d'État britanniques, qui, sans se soucier d'une déclaration de
guerre préalable, avaient ordonné à l'amiral Boscawen de bombarder toute escadre française qui
croiserait dans les eaux du Nouveau Monde.
L'ordre avait été exécuté en juin 1755, au mépris
du droit des nations, et, presque en même temps,
les corsaires anglais avaient couru sus aux navires
français sur toutes les mers à la fois et avaient
capturé plus de trois cents bâtiments de commerce.
Curieuses gens que ces Anglais! Des marchands
cupides sans scrupule. Les affaires avant tout. Ils
n'ont plus rien à espérer en Europe ; il leur faut
donc les colonies de la France. Et qu'ils sont
tenaces! Ils vont droit au but, sans prévenir et
sans hésiter. Grande nation, mais combien redoutable ! On veillera. Déjà six bataillons d'infanterie
ont été expédiés au Canada. D'autres suivront.
Un homme de guerre, dont on dit le plus grand
bien et qui se nomme le marquis de Montcalm,
vient d'être désigné par le roi pour commander
les troupes françaises dans l'Amérique septentrionale. On calmera les humeurs coloniales de la
trop gourmande Angleterre tout comme on matera
l'impertinence de l'infâme Frédéric... Et, entr'ouvrant ses lèvres de corail, Mme de Pompadour,
sereine et triomphante, laissa naître un sourire.

*
* *

Le laquais galonné ouvrit la porte du boudoir au visiteur qu'il venait d'annoncer à sa toute-puissante maîtresse. Mme de Pompadour leva les yeux vers celui qui entrait. C'était un homme qui avait dépassé la cinquantaine. Sa physionomie était joviale et sa mise recherchée. Il portait l'habit à grandes basques, le gilet de soie à fleurs et la cravate blanche.

Avec la plus parfaite aisance, il s'avança vers la favorite qui, d'un geste ravissant, avait tendu la main vers lui. Il se courba pour baiser cette main divine, qu'avaient effleurée les lèvres les plus nobles de France.

— Bonjour, Boubou, s'écria Mme de Pompadour, dont le pur visage rayonna de plaisir. Quel mauvais vent vous pousse à venir interrompre mes rêves ?

— Quoi, vous rêviez, duchesse ! Point n'est besoin de rêver, quand une vie comme la vôtre n'est qu'un rêve. Ne rêvez point votre vie, puisque vous vivez votre rêve.

— Oh ! Boubou, vous devenez poétique. Cela vous va mal. Qu'importe ! Oui, je rêvais, ne vous en déplaise. Il est doux de fuir parfois le tourbillon du monde et de s'envoler seule vers le passé ou vers l'avenir. Il sort souvent de ces rêveries de grandes décisions. Mais, dites-moi, mon cher Jean-Potentien d'Arboulin, pour vous donner tout votre nom de gros bourgeois de Paris, dites-moi la vraie raison de votre visite, car je ne suppose pas que ce soit seulement pour avoir l'honneur de baiser ma blanche main que vous êtes venu de Paris à Bellevue par ce jour glacial de février.

— L'honneur seul de baiser votre main m'eût fait franchir, duchesse, les steppes glacées de Sibérie, mais je dois avouer qu'aujourd'hui...

— ... J'ai une faveur à solliciter de vous, interrompit Mme de Pompadour, en riant de tout l'éclat de ses dents.

— Vous avez deviné, ô fée toute-puissante !

— Eh bien ! Boubou, je vous écoute. Vous ne tombez pas trop mal. Mon humeur n'est point morose et puis, je vous aime bien. Vous m'avez connue avant ma grande fortune et vous ne m'avez point critiquée ni vilipendée comme tant d'autres. Vous fûtes et vous êtes un fidèle ami. La duchesse de Pompadour sait le prix de l'amitié. Et tenez, laissons pour un instant le protocole à la porte. Même les princes du sang se tiennent debout en ma présence. Vous, Boubou, mettez-vous à l'aise dans ce fauteuil. Maintenant, parlez, je vous écoute.

CHAPITRE II

La requête de M. d'Arboulin

M. d'Arboulin salua galamment la favorite et s'installa dans le fauteuil qu'elle lui avait désigné. Ses traits s'épanouirent en un large sourire, où se décelait la satisfaction quelque peu narquoise de se voir, à lui, grand bourgeois, accorder des privilèges que l'omnipotente duchesse ne daignait point dispenser aux plus grands seigneurs de la cour.

— Puisque vous me faites l'honneur, Madame, commença M. d'Arboulin, de bien vouloir prêter une oreille attentive à ma requête, permettez-moi de vous donner quelques détails sur celui qui en est l'objet et dont, vous qui savez tout, n'êtes peut-être point sans avoir entendu parler. Il s'agit en l'occurrence de mon neveu Louis-Antoine de Bougainville, fils de ma défunte sœur Marie-Françoise et de Pierre-Yves de Bougainville, notaire au Châtelet.

— Attendez, interrompit Mme de Pompadour... Louis-Antoine de Bougainville... Oui, je me souviens. N'a-t-il pas publié il y a quelques

années un ouvrage de mathématiques qui fit
quelque bruit ?

— C'est lui-même, Madame, et la connaissance
que vous avez déjà de sa valeur facilitera pour
moi l'exposé de ses hautes qualités. Or donc, mon
neveu Louis-Antoine n'est pas un garçon ordinaire. Une fée bienfaisante le combla dès son
jeune âge des dons les plus précieux du corps et
de l'esprit. Après de brillantes études, il se fit
recevoir avocat, non que le fatras des lois eût pour
lui quelque charme, mais parce que tel était le
désir de son père d'après qui les lois, servant de
barrière au peuple, doivent servir de carrière à
l'élite. Mais l'étude des lois, vous en conviendrez,
Madame, n'est pas une pâture suffisante à une
imagination ardente, comme l'était celle de mon
neveu. Celui-ci, après avoir en fils respectueux
déféré aux volontés paternelles, abandonna bien
vite une profession d'où semblent bannies les
vastes envolées de l'esprit et l'élégante clarté du
langage. Louis-Antoine est né, il me faut vous le
dire, sous la divine étoile de la fantaisie. Il est de
ceux — et je ne l'en blâme point — qui veulent
explorer tous les horizons de la vie. Il laissa donc
glisser sa robe d'avocat et se fit inscrire aux
mousquetaires noirs. En peu de temps, il devint
aide-major du régiment de Picardie, car la famille
de Bougainville est originaire de cette province.
Elle se flatte, en effet, de descendre des sires de
Bougainville qui jouèrent au moyen âge un rôle

important. Mais l'existence militaire ne put satisfaire l'insatiable activité de mon neveu. Les
mathématiques l'attiraient. Il avait suivi les
leçons de M. d'Alembert et de M. Clairault et les
incursions ardues dans le domaine des chiffres
et des théorèmes, auxquels pour ma part je n'ai
jamais compris goutte, ne furent qu'un jeu pour
son étonnante cervelle. A l'âge de vingt-deux ans,
il écrivit un volume dont le titre seul constitue
pour moi un effort de mémoire et qui, je crois,
est ainsi : *Traité du calcul intégral, pour faire
suite à l'analyse des infiniment petits du marquis
de l'Hôpital.* La réputation de cet ouvrage, vous
avez bien voulu me le dire, Madame, est parvenue
jusqu'à vos oreilles. Quant à moi, j'avoue hum-
blement que mon esprit trop borné n'a pu se
hausser jusqu'aux cimes mathématiques dont le
traité de mon neveu est, dit-on, hérissé. Les
membres de l'Académie des Sciences, heureusement plus éclairés que moi-même, sûrent rendre
au très jeune auteur les témoignages d'estime qui
lui étaient dus et Son Excellence le comte d'Argenson, secrétaire d'État à la guerre, à qui Louis-
Antoine avait dédié son ouvrage, voulut bien lui
prodiguer des marques sensibles de sa faveur.
L'appui du ministre permit à mon neveu d'explorer un champ nouveau : celui de la diplomatie. Il partit pour l'Angleterre avec le duc de
Mirepoix, en qualité de troisième secrétaire d'ambassade. Sa connaissance parfaite de la langue de

ce pays en même temps que ses manières courtoises lui valurent, à Londres, un accueil exquis
comme les Anglais savent en faire aux gens
qu'ils aiment. Je me suis même laissé dire que
les blondes Anglaises ne furent point insensibles
au charme élégant de Louis-Antoine. Mais son
séjour en Angleterre ne fut pas que mondain
et mon neveu ne perdit point de vue qu'il avait
une tâche à remplir. Il sut, je crois, servir,
comme il le fallait, le gouvernement de Sa Majesté ;
et, avec sa prodigieuse faculté d'assimilation, il
s'initia à la fameuse question des limites de la
Nouvelle-France et de la Nouvelle-Angleterre. Il
ne me sied point de vous apprendre l'Histoire à
vous qui la faites, Madame. Mieux que personne,
vous savez l'importance de cette question, qui
semble devoir mettre le feu aux poudres de l'Europe et du Nouveau Monde. Bref, Louis-Antoine
ne perdait point son temps sur les rives brumeuses
de la Tamise, lorsque la rupture des relations
diplomatiques entre la France et l'Angleterre le
ramena sous notre ciel. Sans hésiter une seconde,
il mit son épée au service du Roi et il partit au
camp de Richemont comme aide de camp de
l'héroïque M. de Chevert. A Richemont, sous la
conduite d'un tel chef, il s'entraîna, avec sa coutumière facilité, aux rigueurs de la vie militaire et
se plongea dans les mystères de la tactique et de
la stratégie. M. de Chevert écrivit même à son
sujet qu'il était rempli de mérite et d'esprit et

qu'il n'avait cessé de le lui prouver pendant tout le temps qu'il l'avait eu auprès de lui. A son retour du camp, Louis-Antoine, ne sachant rester une seconde inoccupé, livra à l'imprimeur la seconde partie de son *Traité de calcul intégral*. Puisque je reviens à ce chapitre des activités mathématiques de mon neveu, permettez-moi de vous dire, Madame, que, le mois dernier, oui, c'est bien le 8 janvier 1756, Louis-Antoine reçut la nouvelle de sa réception à la Société Royale de Londres. Les Anglais, que nous ne pouvons taxer d'une sympathie exagérée pour la France, savent pourtant, vous en conviendrez, Madame, honorer les grands esprits par-dessus les frontières et en dépit des querelles des nations. Mon neveu fut très sensible à cet honneur. Cependant, ces liens d'amitié et reconnaissance qui l'attachent à l'Angleterre ne lui font point oublier que la France est une belle femme à la robe de qui ses fils ne souffrent point de déchirures, même quand celles-ci sont faites par les griffes du lion britannique. Louis-Antoine a le sang vif. Les escarmouches qui ne cessent de se produire dans la Nouvelle-France, la malheureuse affaire du lac Saint-Sacrement où le baron de Dieskau fut fait prisonnier l'an dernier, les puissants préparatifs du gouvernement britannique, les attaques foudroyantes de l'amiral Boscawen contre les vaisseaux français, tout cela a fait germer chez mon neveu une idée tenace : celle de partir pour la

Nouvelle-France. Il est persuadé qu'avec sa connaissance des questions de délimitation que je mentionnais tout à l'heure, il pourrait être de quelque utilité dans notre lointaine colonie. Il vient d'apprendre que Sa Majesté avait désigné M. le marquis de Montcalm pour commander les troupes appelées à soutenir la guerre de l'autre côté de l'océan. Louis-Antoine de Bougainville sollicite l'honneur de partir avec ce brillant officier pour faire triompher par delà les mers le drapeau de la France. Telle est, Madame, la requête que je tenais à vous adresser, certain qu'elle serait écoutée d'une oreille bienveillante par celle qui peut tout et qui fait tout pour le plus grand bien de la patrie.

M. d'Arboulin se tut. Pour se récompenser de son bel effort oratoire, il sortit de sa poche une élégante tabatière et huma délicatement quelques pincées de tabac. Mme de Pompadour réfléchit un instant.

— Ce doit être vraiment un homme extraordinaire que votre neveu, mon cher Boubou. Quel âge a ce puits de science et de vertu ?

— Il a vingt-sept ans en ce moment, Madame, étant né, si ma mémoire est fidèle, le 11 novembre 1729. Maintenant, permettez-moi de vous contredire, Madame. Si Louis-Antoine est un puits de science, il n'est point un puits de vertu. Il sait, malgré son humeur savante, cueillir les roses de la vie. Ne l'imaginez point tel un anachorète. Le beau sexe n'a pas de secrets pour lui et les plaisirs du monde sont les siens. Son esprit qui sait pénétrer les arcanes des hautes mathématiques et se plier aux subtilités de la diplomatie, sait aussi, je vous assure, faire éclore des madrigaux que ne désavouerait point M. de Voltaire. Son regard n'a pas que des profondeurs, il a aussi de galants éclairs. Vous le voyez, Madame, mon neveu est un homme complet.

— C'est bien, Boubou. Vous avez su revêtir à merveille la robe d'avocat qu'a laissé glisser votre illustre neveu. Annoncez dès ce soir à Louis-Antoine de Bougainville qu'il partira pour la Nouvelle-France, comme aide de camp de M. le marquis de Montcalm.

CHAPITRE III

Vers la Nouvelle=France

Le 3 avril 1756, la rade de Brest présentait une animation intense. Six frégates, battant pavillon du roi de France, étaient parées de leurs voiles et dansaient légèrement sur les flots comme si elles étaient impatientes de prendre leur essor vers l'océan. Sur les quais, une foule considérable s'était amassée et les commentaires allaient leur train. Dans un groupe, pérorait l'inévitable bourgeois renseigné que l'on retrouve et que l'on retrouvera toujours là où plus de trois personnes se trouvent réunies : « Vous voyez, disait-il à ses auditeurs, cette belle frégate toute neuve ? Eh bien! c'est la *Licorne*. C'est sur elle que s'est embarqué M. le marquis de Montcalm, qui va donner une fameuse leçon aux Anglais là-bas, en Amérique. Un rude homme que M. de Montcalm. Un mien cousin a fait campagne sous lui en Bohême pendant la dernière guerre. Toujours de bonne humeur et vif comme un écureuil. Un entraîneur d'hommes. Tous ses soldats l'adoraient et mon cousin l'aimait tellement qu'il a demandé à repar-

tir avec lui pour la Nouvelle-France. Il est là sur
ce vaisseau devant vous, le *Héros*. Mon cousin
appartient au régiment de la Sarre. Vous savez
bien, ce régiment qui a un uniforme blanc à
revers et à parements bleus. Les parements rouges,
ça, c'est le régiment du Royal-Roussillon. Il y a un
bataillon de chaque. A peu près douze cents
hommes. Ça fait une jolie petite flotte, n'est-
ce pas? Tenez, là, à droite, cette frégate, c'est la
Sauvage, où se trouve M. le chevalier de Lévis,
le commandant en second de l'expédition. Un
homme de guerre pas ordinaire non plus, très
jeune, mais qui a fait ses preuves bien des fois.
Mon beau-frère l'a vu à l'armée d'Italie. Presque
à lui tout seul, M. de Lévis a fait prisonnier un
bataillon de Piémontais. Il ne perd pas la tête,
celui-là. Il la fera perdre aux Anglais, vous verrez
ça. Sur cette autre frégate qui s'appelle la *Sirène*,
il y a le colonel de Bourlamaque qui est le troisième commandant. Ces deux autres vaisseaux, ce
sont l'*Illustre* et le *Léopard*, tous les deux pleins
de troupes. Allez, les pauvres Anglais feront triste
mine devant des chefs et des hommes comme
nous en avons. »

L'érudite et sereine éloquence de l'orateur populaire fut soudainement interrompue par une accla-
mation, jaillie de milliers de poitrines. La foule
saluait, avec sa pétulance coutumière, la première
des frégates, la *Licorne*, qui sortait de la rade,
puissante et gracieuse.

Sur le pont du vaisseau, l'œil pétillant de M. de Montcalm contemplait ce spectacle. Le marquis souleva son chapeau et, d'un geste large, répondit aux acclamations du peuple. La frégate s'éloigna, glissant sur une mer calme et sous un ciel admirablement pur. Peu à peu, les rives s'estompèrent et se fondirent dans le lointain en une ligne confuse. M. de Montcalm se tourna vers son aide de camp qui se tenait à ses côtés et, d'une voix où perçait une nuance de mélancolie : « Quand reverrons-nous ces rives? », dit-il. M. de Bougainville, à qui le général s'était adressé, répondit : « Grâce à votre valeur, Monsieur, nous ne pouvons tarder à les revoir.

— Sait-on jamais, Monsieur? répliqua le marquis. La guerre est faite d'imprévus et de hasards. Mais point de sombres pensées. A la grâce de Dieu et pour la plus grande gloire de Sa Majesté! »

*
* *

Louis-Antoine de Bougainville gardait à son oncle d'Arboulin et à Mme de Pompadour une reconnaissance infinie. Il était heureux et fier d'avoir été désigné, grâce à la requête de l'un et à la toute-puissance de l'autre, pour faire partie de cette expédition en qualité d'aide de camp de M. le marquis de Montcalm et avec le brevet de capitaine de dragons. Il n'avait pourtant point quitté Paris sans regrets. La santé chancelante de

son père l'alarmait, et puis, il quittait sa mère
adoptive, Mme Hérault, dont le fils était son ami
le plus intime. Il avait un culte pour cette femme
admirable qui lui avait toujours témoigné une
exquise affection et qui avait été pour lui un tendre
et pur soutien. Il se séparait aussi non sans tristesse de son frère, Jean-Pierre, déjà illustre,
membre de l'Académie, homme droit, sûr et loyal.
L'oncle d'Arboulin avait versé une larme en
voyant partir son neveu, qui lui était, disait-il,
doublement cher, car il lui ouvrait toute grande sa
bourse pour réparer ses frasques de jeunesse... Bon
oncle d'Arboulin!... Et puis, Louis-Antoine était
Parisien dans l'âme. N'était-il pas né dans une
maison de la rue Barre-du-Bec, paroisse Saint-
Merry, tout près des portes de l'Hôtel de Ville ?
Paris était si gai, si débordant de vie facile! Ses
vieilles pierres, ses vieilles tours, ses vieux ponts,
la douceur de son ciel et l'intimité de ses soirs,
tout cela faisait de Paris une ville attachante qu'on
ne quittait pas sans un serrement de cœur. Et il
faut le dire, Louis-Antoine n'était pas insensible
au plaisir. Les fins soupers, la grâce des femmes,
les salons où l'esprit pétille, les splendeurs de la
cour, l'ivresse du jeu : voilà des charmes auxquels
on ne s'arrache pas sans un long soupir. Mais
qu'importe! La vie n'est pas un ballet. Le monde
est vaste. Il le faut connaître. Par delà les mers,
une existence dure, dangereuse, l'attend, c'est sûr.
Mais quelle joie d'explorer des horizons nouveaux,

d'entrer en contact avec des gens inconnus, de se familiariser avec des sauvages, d'affronter l'ennemi, de se battre, pour le Roi, pour la France!...

Louis-Antoine de Bougainville mit à profit les longs jours de la traversée qui, à part une forte tempête, se poursuivait paisiblement. Tout d'abord il pria M. de la Rigaudière, commandant de la *Licorne*, de l'initier aux choses de la marine. La mer l'attirait, et s'il revenait jamais de cette aventure, il se promettait bien de faire une sérieuse promenade sur les eaux du globe. Il avait le pied marin et le grand souffle du large avait presque complètement guéri l'asthme dont il était atteint.

Souvent aussi, pour tromper la monotonie du voyage, il s'entretenait avec le marquis de Montcalm du pays qu'ils allaient défendre. Bougainville ressentait pour son général une fervente sympathie que celui-ci lui rendait bien. Montcalm était d'une exquise simplicité et d'un esprit savoureux. Son origine languedocienne lui avait conféré une bonne humeur qui avait un pouvoir irradiant. Sa conversation était pleine de saillies inattendues qui charmaient. Sous les yeux rieurs du général, on devinait cependant un grand cœur et une prodigieuse volonté. C'était un chef.

Le soir, dans sa cabine, Bougainville étudiait l'histoire de la Nouvelle-France et de la Nouvelle-Angleterre, le plan des forts, les mœurs des habitants, les coutumes des sauvages et il se plongeait dans le formidable problème! Il regar-

dait sur la carte cette ligne de forts dont La Galis-
sonnière, ancien gouverneur du Canada, avait fait
jalonner la vallée de l'Ohio pour assurer les communications des Français entre le Canada et la
Louisiane. Il dénombrait tous les postes qui
s'échelonnaient entre les Grands Lacs ou sur leurs
rives, le fort Niagara, le fort de Frontenac, le fort
Saint-Frédéric, le fort Carillon. Là, au bord du
lac Ontario, se dressait le fort Oswego ou Chouaguen, construit par les Anglais en pleines terres
indiennes dans le but de détourner à leur avantage
le trafic des pelleteries et les échanges avec les
sauvages. Pratiques, ces Anglais. C'est contre ce
fort qu'une expédition était projetée, lui avait dit
M. de Montcalm. Il y avait, près du lac Champlain,
le fort William Henry que l'on irait probablement
attaquer un jour. Quelle guerre curieuse doit être
une guerre coloniale ! Dans l'immense territoire
du Canada, soixante mille colons sont éparpillés sur
les îles et les rives du Saint-Laurent, jusqu'un peu
en amont de Montréal. Deux villes fortifiées seulement : Québec et Montréal. De l'autre côté des
monts Alléghanys, dans cette longue bande qui va
de la Nouvelle-Écosse à la Floride, plus d'un mil-
lion de colons anglais. Grosse, très grosse dis-
proportion. Heureusement le Canada n'est vul-
nérable que par trois points : les trois voies maritimes du Saint-Laurent, du lac Champlain et des
Grands Lacs. Ces trois points sont bien gardés. La
citadelle de Louisbourg veille sur l'entrée du

golfe, le fort Saint-Frédéric défend la tête du lac
Champlain et le fort Frontenac protège la sortie des
Grands Lacs. Mais il faudrait des troupes considérables pour garnir tous ces forts et pour couvrir une
frontière si imprécise et si étendue. M. de Montcalm
lui a dit qu'il n'y aura guère là-bas, y compris les
soldats qu'il amène, plus de cinq mille hommes de
troupes régulières et à peine deux mille hommes des
compagnies de marine. Il y a bien les miliciens,
les paysans de la Nouvelle-France, que l'on mobi-
lise, mais ne faut-il pas en renvoyer une grande
partie pour les semailles, les labours et la mois-
son ? L'Angleterre, elle, ne néglige pas les renforts.
C'est par milliers qu'elle les déverse sur ses
colonies d'Amérique. Certes, il y a les Indiens,
qui sont, en majorité, favorables à la France.
Ceux-ci détestent l'Anglo-Saxon, qui, colonisa-
teur par essence, défriche les bois et cultive les
terres, ce qui prive ces bons sauvages de leurs
abris et de leur territoire de chasse. Le gouverneur du Canada trouve des auxiliaires précieux
chez les Indiens répartis aux environs de Québec
et de Montréal. Ces Indiens étaient convertis au
catholicisme, ce qui ne les empêchait point de
scalper leurs ennemis avec une virtuosité qui
n'avait d'égale que le plaisir qu'ils éprouvaient à
faire cette opération. Le scalp semblait être le
grand délassement des tribus indiennes de ces
régions. Charmant pays ! Les Anglais, de leur
côté, avaient comme alliés les Indiens de la Confé-

dération des Cinq-Nations qui habitaient la région comprise entre le lac Champlain, le Saint-Laurent, les Grands Lacs et l'Ohio. C'étaient des alliés hésitants que la diplomatie française cherchait à gagner à son profit par une persuasion largement alcoolisée. Les Iroquois, d'une nature prudente, attendaient les événements et se mettaient généralement du côté du plus fort. Malgré leur cruauté et leur barbarie de primitifs, ces sauvages apportaient un concours puissant à la nation qui les employait. Leur connaissance du terrain, leur aisance à se mouvoir dans les mystérieuses forêts et aussi la terreur que leur présence occasionnait aux ennemis, constituaient des éléments de succès qui étaient loin d'être négligeables. Ce ne devait pas être la guerre en dentelles avec de tels alliés ou de tels adversaires, pensait Bougainville. Et pourtant, on s'était déjà bien battu à la colonie. Outre les nombreuses escarmouches qui avaient ensanglanté les frontières indécises de la Nouvelle-France et de la Nouvelle-Angleterre, des rencontres fameuses avaient eu lieu : celle du fort Nécessité où Jumonville avait péri sous les coups quelque peu traîtres des hommes de Washington, celle du fort Duchesne où le général anglais Braddock avait subi l'écrasante défaite qui lui avait coûté la vie, et celle enfin où le prédécesseur de Montcalm, le baron Dieskau, avait été battu et fait prisonnier sur les bords du lac Saint-Sacrement. Et tout ce sang avait été répandu avant que la guerre ne fût formellement déclarée ! Que serait l'avenir ? Une lutte sans merci, furieuse, atroce, haineuse et barbare. Bougainville, malgré lui, frissonnait à cette pensée et songeait aux douceurs de Versailles et de Paris qu'il avait volontairement laissées. Quand ces moments de faiblesse s'emparaient de lui, il avait vite fait de se reprendre et, prenant exemple sur son général, il se disait à lui-même ce que Montcalm lui avait dit au départ de France : « A la grâce de Dieu et pour la plus grande gloire de Sa Majesté ! »

CHAPITRE IV

La première victoire

Trente-huit jours après son départ de Brest, la *Licorne* mouilla dans l'immense rade de Québec. C'était le 12 mai. Le *Héros* qui transportait des troupes l'avait précédée d'une semaine et les autres frégates avec le chevalier de Lévis et le colonel de Bourlamaque, suivaient de près.

Bougainville, avide de pénétrer l'inconnu de ce monde nouveau pour lui, débarqua lestement. Il vit d'un coup d'œil la petite ville fortifiée que l'énergie et la persévérance des colons avaient édifiée sur la terre lointaine, reflet des vieilles cités de France. Dans l'enceinte des murs s'entrecroisaient des petites rues tortueuses, bordées de boutiques, de maisons bourgeoises et de couvents.

Des églises élevaient leurs fins clochers, puis, dominant les autres habitations de leurs sveltes tourelles et de leurs élégantes toitures, se dressaient les palais du gouverneur, de l'intendant et de l'évêque. Bougainville fut agréablement surpris par son premier contrat avec la Nouvelle-France. Toute la société de Québec réserva un accueil enthousiaste aux officiers du Roi. Bougainville descendit chez un de ses cousins, M. de Vienne, qui avait épousé une jeune Canadienne et qui était un des fonctionnaires de la colonie. L'intendant, M. Bigot, petit homme aimable et trop parfumé, donna en l'honneur de M. de Montcalm un dîner somptueux, où l'aide de camp de ce dernier fut convié. La chère était exquise, abondante et raffinée. Les vins de France coulaient à flots. On ne paraissait pas s'ennuyer chez M. Bigot, et Bougainville eut vite fait de constater que le métier d'intendant, qui consiste à pourvoir à l'alimentation des autres, est loin d'affamer celui qui l'exerce.

Si Québec recélait en ses murs les fines fleurs de la civilisation d'Occident, on y voyait aussi les fruits les plus purs de la primitive nature. Les sauvages qui habitaient les pays d'en haut, c'est-à-dire les immenses plateaux semés de lacs et situés au-dessus des chutes du Niagara, y descendaient à la belle saison et venaient offrir leurs services guerriers à leurs alliés, les Français. Leur aspect n'était point particulièrement attrayant. Leur visage féroce était barbouillé de diverses couleurs, dont l'assemblage manquait d'harmonie. Des plumes se hérissaient sur leur tête et des pendeloques leur ornaient les oreilles et les narines. Ils étaient revêtus d'extraordinaires habits galonnés, de peaux de bêtes et de loques difformes. Comme armes, ils avaient le tomahawk, le fusil, avec la corne à poudre et le sac à plomb suspendus au cou. A leur ceinture étaient accrochés l'inévitable couteau à scalper et, tendues sur des cerceaux, d'horribles chevelures sanglantes, suprêmes trophées de guerre, gloire et fierté de ces barbares.

Quand Bougainville eut, de ses yeux, contemplé ces horribles personnages, il eut la nausée et se demanda s'il ne rêvait point et si ce siècle était bien le siècle délicat de Madame de Pompadour. Mais, puisqu'il avait désiré voir du nouveau, pourquoi récriminait-il ? Il dut recevoir, avec son général, plusieurs délégations de ces affreux Iroquois. Il eut même la surprise de voir que, parmi un groupe solennel de sauvages qui était venu saluer à sa manière le marquis de Montcalm, se trouvaient des dames à la peau cuivrée. Les Iroquoises, ayant en cela plus de privilège que les Françaises, participaient au gouvernement de leur tribu et tenaient à s'assurer par elles-mêmes que les affaires publiques étaient bien menées. Courtoises et généreuses, elles apportaient des colliers au marquis de Montcalm, qui leur manifesta la joie profonde que lui causaient leurs présents.

Des hommes curieux remplissaient aussi les rues de Québec. Ils avaient le teint hâlé et les traits durs. Leurs mains, leurs bras et leur poitrine étaient couverts de tatouages bizarres. Ils étaient armés jusqu'aux dents et leur air était

farouche. C'étaient les coureurs de bois, les des-
cendants des hardis pionniers qui avaient fait les
merveilleuses découvertes du passé. Ils vivaient
dans la forêt, d'une vie quasi primitive. La chasse
et les combats formaient leurs occupations. Leurs
mœurs étaient rudes et le scalp faisait partie de
leurs méthodes de guerre.

Bougainville observait tous ces alliés bizarres,
qui ne devaient pas être toujours plaisants à
diriger et chez qui la discipline devait être une
formule inconnue. Il regardait aussi les miliciens,
fils de la Nouvelle-France, que l'on mobilisait de
seize à soixante ans. Ces paysans que l'on arrachait
à leur foyer et que l'on militarisait pour la défense
du territoire semblaient vivre en assez mauvaise
intelligence avec les troupes régulières qui les
toisaient non sans mépris. Situation fâcheuse. Que
pouvait-il sortir de cet assemblage disparate de
sauvages, de coureurs de bois, de miliciens et de
soldats de carrière ? La force d'une armée est dans
son homogénéité.

Montcalm et Bougainville n'étaient pas sans
appréhension au bout de quelques jours. Les
Anglais se préparaient à attaquer dans la région
des Lacs, on ne savait pas où exactement. Il fallait
prévenir leur offensive. Dix jours après son arrivée
à Québec, Montcalm, en vue de conférer avec le
marquis de Vaudreuil, gouverneur de la colonie,
se mit en route pour Montréal, en chaise de poste.
Bougainville le suivit, en empruntant un moyen

de locomotion qui ne lui était guère coutumier. Il
remonta le Saint-Laurent jusqu'à Montréal, en
canot d'écorce. Le carnet à la main, il notait
ses observations et se constituait un précieux
journal.

À Montréal comme à Québec régnait la fièvre de
la guerre. Le marquis de Vaudreuil, fils du gouverneur de ce nom qui avait administré la Nouvelle-
France pendant vingt-deux ans, était né sur la
terre canadienne et les colons le considéraient
comme un des leurs. Il était très populaire
parmi eux. C'était un grand seigneur, affable et
courtois, mais à qui manquaient les qualités d'un
chef. Ses vues étaient étroites et l'humilité n'était
point sa vertu dominante. Il était d'une susceptibi-
lité aiguë et l'indécision formait un des points les
plus marquants de son caractère. Il se demandait
pourquoi l'on envoyait M. de Montcalm à la colonie,
persuadé que les talents militaires du marquis de
Vaudreuil pouvaient suffire au salut de la Nouvelle-France et n'avaient point besoin du concours
d'un autre général. Néanmoins, il fit bon accueil à
celui-ci et se montra des plus aimables avec Bougainville, en qui il reconnut de suite un parfait
gentilhomme.

Le marquis de Montcalm s'était entendu avec le
gouverneur qu'il était de son devoir de consulter
pour toutes les opérations militaires, quant au

plan de campagne à suivre. Il se rendait compte des formidables difficultés qui se présentaient à lui et du colossal effort qu'était en train d'accomplir l'Angleterre. Le gouvernement britannique venait d'expédier à New-York deux régiments avec les généraux Abercromby et Webb, ainsi que de nombreux transports chargés d'un puissant matériel de guerre. Un crédit de 115 000 livres sterling avait été voté pour les colonies anglaises et un officier énergique, lord Loudon, avait été nommé général en chef des armées de l'Amérique septentrionale. Les colons anglais avaient levé plus de vingt mille hommes et projetaient de se frayer un chemin sur Québec et sur Montréal en attaquant les forts avancés. Les forces ennemies étaient plus du double des forces françaises et canadiennes. Donc, pas d'hésitation. On devait prendre l'offensive et suppléer à l'infériorité numérique par la rapidité foudroyante des mouvements.

Il avait été décidé que l'attaque projetée depuis près d'un an par M. de Vaudreuil contre le fort Oswego (ou Chouaguen), poste avancé de l'Angleterre sur la rive sud du lac Ontario, serait menée immédiatement par M. de Montcalm. Ce dernier avait d'abord cru l'expédition impossible, mais une fois que la décision fut prise, il se mit à l'œuvre avec la sûreté de jugement et la rapidité d'exécution qui le caractérisaient. Il fallait d'abord se rendre compte de l'état des forts français. Montcalm partit avec le chevalier de Lévis pour le fort

Carillon (ou Ticondéroga). Ils remontèrent en canot la rivière Richelieu, côtoyèrent la rive occidentale du lac Champlain, inspectèrent le fort Saint-Frédéric et débarquèrent le 3 juillet au fort Carillon qui consistait en un parallélogramme garni de quatre bastions et entouré de fossés. Un ingénieur canadien, M. de Lotbinière, en terminait les travaux avec une douce lenteur. Montcalm communiqua à tous sa fougue méridionale, réveilla les énergies somnolentes, rétablit la discipline quelque peu absente, reçut avec une sainte patience des ambassades de sauvages, poussa des reconnaissances sur le lac Saint-Sacrement (ou lac George) et vers la tête du lac Champlain, fit la conquête et l'admiration de tous. Satisfait de sa visite, il laissa à Carillon, avec plus de deux mille homme, Lévis, son commandant en second, en qui il avait la plus absolue et la plus légitime confiance. Puis, il repartit pour Montréal, où il retrouva Bougainville, qui, en attendant l'arrivée d'André Doreil, commissaire des guerres, remplissait sans enthousiasme les fonctions de ce dernier. Il était venu pour faire la guerre et ce poste administratif ne convenait pas à sa fougueuse activité. Bougainville, cependant, ne perdait point son temps. Il continuait d'observer et de tout noter dans son journal. Le 3 juillet, un parti de sauvages débarqua à Montréal avec quelques prisonniers anglais, qu'ils avaient faits en surprenant un convoi destiné à ravitailler le fort Oswego. Ce

spectacle était nouveau pour Bougainville, qui
décrivit ainsi la triomphale venue des sauvages,
lesquels appartenaient à la tribu des Folles-
Avoines : « Ils étaient en cinq grands canots
d'écorce, apportant six chevelures et amenant
plusieurs prisonniers. Arrivés vis-à-vis de Montréal,
les canots se sont rangés sur plusieurs lignes et
sont restés en panne quelque temps. Les sauvages
ont salué par des décharges de fusil, de grands cris,
auxquels on a répondu par trois coups de canon
de la place. Ensuite ils ont abordé et pris terre. Ils
ont monté au château sur deux files, portant des
baguettes ornées de plumes, les prisonniers au
milieu des deux files. Ceux-ci n'ont point été mal-
traités, comme c'est l'usage en entrant dans les
bourgs et les villes. Entrés chez M. de Vaudreuil,
les prisonniers s'assirent en rond à terre, et le
chef des sauvages fit, avec une action et une force
qui me surprirent, une harangue assez courte...
Les Folles-Avoines, différents des autres nations
qui retenaient quelque chose de leurs prises,
apportaient à leur père toute la viande qu'ils
avaient gagnée. Ensuite ils dansèrent en rond
autour des prisonniers, au son d'une espèce de
tambourin placé au milieu : spectacle singulier,
plus propre à effrayer qu'à réjouir, curieux cependant aux yeux même d'un philosophe qui cherche
à étudier l'homme dans ceux surtout qui sont le
plus près de la première nature. Ces hommes
avaient le visage et le corps matachés, des plumes

sur la tête, symbole et signal de la guerre, le casse-tête et la pique à la main. En général, ce sont des hommes nerveux, grands et de bonne mine ; presque tous sont fort gras. On ne peut avoir plus d'oreille que n'en ont ces peuples. Tous les mouvements de leur corps marquent la cadence avec la plus grande justesse. Cette danse est la pyrrhique des Grecs. La danse finie, on leur fit distribuer de la viande et du vin. Les prisonniers furent envoyés en prison avec un détachement pour empêcher des Algonquins et Iroquois du Saut qui sont à Montréal de les assommer, ces sauvages étant dans le deuil pour les hommes qu'ils ont perdus. »

Montcalm et Bougainville échangèrent leurs impressions, non sans humour et avec une philosophie résignée. Il leur fallait bien s'adapter à ces mœurs bizarres !

Le 21 juillet, Montcalm, accompagné de son aide de camp et d'une nombreuse escorte, quitta Montréal en canot, pour se rendre au fort de Frontenac, qui se dressait au nord du lac Ontario et où devait se faire la concentration des troupes destinées à attaquer le fort Oswego. Bougainville ne cessait de prendre des notes. Il admirait les rives boisées du Saint-Laurent, la majesté des arbres et la splendeur du panorama. Homme pratique, il écrivait aussi : « Quel dommage qu'un aussi beau terrain soit sans culture !»

Le pittoresque de ce voyage, la traversée des

rapides, la visite à la Présentation (fort construit
par un missionnaire habile, l'abbé Piquet, à côté
d'un village d'Iroquois des Cinq-Nations), l'arrivée
à Frontenac où le colonel de Bourlamaque activait
les préparatifs, les indispensables cérémonies avec
les sauvages, les dons de vin, de cochons, de tabac,
de vermillon et de porcelaine, qu'il fallait leur
faire pour les lier à l'expédition, la concentration
des trois mille cinq cents hommes qui allaient
prendre part à l'attaque : tout cela, c'était la vie
ardente, curieuse et imprévue que Bougainville
aimait. Il ne regrettait plus Paris. Montcalm, ses
officiers, ses ingénieurs, ses troupes et ses batteries d'artillerie traversèrent en canots le lac Ontario
et débarquèrent auprès d'Oswego dont la défense
était constituée par trois forts. La guerre effective
commençait pour Bougainville. Avec une incon-
cevable rapidité, les travaux d'investissement
s'accomplissaient. Canadiens et sauvages, sous
l'impulsion de Montcalm, creusaient des retranchements et s'avançaient, comme des serpents,
sous les forts anglais. Les canons des forts gron-
daient et les batteries françaises leur répondaient.
La fusillade crépitait. Bougainville se grisait de
cette vie dure, primitive, de ces nuits au bivouac,
du clair de lune merveilleux qui éclairait de sa pâle
fantasmagorie la magique forêt et les eaux calmes
du grand lac. Il transmettait les ordres du général,
se transportait sans arrêt d'un régiment à l'autre,
parlementait, commandait, se multipliait. Le bruit

du canon alternait avec les hurlements des sauvages. Tout à coup, un drapeau blanc flotta sur le
fort principal. Montcalm, surpris de ce dénouement
précipité, envoya comme parlementaire Bougainville dont la connaissance de l'anglais était parfaite. Accompagné de M. de Lapause, un officier
qui avait l'estime du général, Bougainville remit
les articles de la capitulation au nouveau commandant d'Oswego, car le vaillant Mercer qui
commandait le fort avait été tué le matin même
d'un boulet de canon. Cette mort du chef avait
désorganisé la défense. L'entrevue fut courtoise et
la garnison qui comprenait mille six cent cinquante - huit hommes se constitua prisonnière,
abandonnant aux Français tout le matériel des
forts, les munitions et les vivres. C'était une belle
victoire qui avait coûté aux vainqueurs une trentaine d'hommes tués ou blessés et aux vaincus
environ cent cinquante hommes.

Sur les ruines d'Oswego, une croix fut plantée
ainsi qu'un poteau aux armes de France. Sur la
croix Bougainville fit inscrire la devise : « In hoc
signo vincunt, » et sur le poteau : « Manibus date
lilia plenis. » Puis l'aide de camp de Montcalm
partit pour Montréal afin d'annoncer la glorieuse
nouvelle de l'anéantissement d'Oswego, grâce
auquel l'ennemi était refoulé jusqu'à ses an-
ciennes frontières et la France, maîtresse du lac
Ontario, n'avait plus besoin que de faibles garnisons à Frontenac et à Niagara pour maintenir

ses communications avec l'Ouest. Lord Loudon abandonnait tout projet d'offensive et ne pensait plus qu'à se retrancher, pour tenir les Français en échec. Le coup de foudre de Montcalm avait ébranlé l'audace et la confiance britanniques. Aussi c'est le cœur gonflé d'une légitime fierté que Bougainville écrivit à son frère : « J'ai goûté le plaisir que donne la première victoire. »

CHAPITRE V

Hivernage

Montcalm rentra à Montréal avec le sourire du triomphateur, mais il eut la surprise de constater que le marquis de Vaudreuil avait ceint, de son côté, la couronne de lauriers, se prétendant l'instigateur et l'organisateur de l'expédition qui avait abouti à cet éclatant succès. Les sarcasmes de Montcalm n'épargnèrent point la vanité du gouverneur ; des mots amers furent échangés entre les deux hommes qui se séparèrent animés du plus profond mépris l'un pour l'autre. Cette inimitié devait être fatale au pays.

Mais Montcalm voulait profiter du temps qui lui restait jusqu'à la fin de la campagne. On était au début de septembre et dans deux mois l'hivernage allait commencer, toute opération militaire étant impossible dans ces régions, vu la rigueur excessive de l'hiver. Montcalm, accompagné de Bougainville, partit pour le fort Carillon, afin d'en activer les travaux et d'opérer des reconnaissances vers le fort anglais de William Henry contre lequel il projetait une expédition la saison prochaine. Les Anglais avaient massé plus de dix mille hommes entre le fort Édouard et le fort William Henry, leur point d'appui à la tête du lac Saint-Sacrement (ou lac George). Le camp de Carillon, que commandait Lévis, comprenait près de cinq mille combattants, y compris les Indiens. Obéissant aux ordres de son général, Bougainville prit avec lui un intrépide coureur de bois, nommé Marin, qui avait une grande autorité sur les sauvages, et, avec un détachement de ceux-ci, partit pour reconnaître d'aussi près que possible le camp anglais de William Henry.

Les caprices et les extraordinaires fantaisies des Indiens, la persuasion qu'il fallait employer à leur égard aussi bien que les dons en eau-de-vie qu'on devait leur remettre pour obtenir leur concours, mettaient durement à l'épreuve la patience de l'aide de camp de Montcalm, qui écrivit, non sans raison : « Le caprice des sauvages est bien, de tous les caprices possibles, le plus capricieux. » Les sauvages tombèrent à l'improviste sur un détachement de cinquante-trois Anglais, dont trois officiers. Ils en tuèrent une partie et firent dix-sept prisonniers qu'ils assommèrent presque tous. Cette atrocité révolta Bougainville qui nota dans son journal : « Les cruautés et l'insolence de ces barbares font horreur et répandent du noir dans l'âme. C'est une abominable façon de faire la guerre ; la représaille est effrayante, et l'air qu'on respire ici est contagieux pour l'accoutumance à l'insensibilité. »

Bougainville, qu'accompagnaient le commandant d'artillerie Le Mercier et le brillant ingénieur
français Desandrouins, s'acquitta de la périlleuse
et difficile mission qui lui était confiée. Il put étudier sommairement le fond du lac Saint-Sacrement et la position du fort William Henry. Le
lendemain, 19 septembre, il rentra au camp, où
les sauvages donnaient de fantastiques spectacles
de jonglerie.

Octobre arriva. Les travaux du fort se poursuivaient sous la direction de l'ingénieur canadien
Lotbinière. Rien n'échappait à l'œil observateur
de Bougainville qui, en contemplant mélancoliquement la lenteur rituelle des constructions
militaires, notait dans son journal : « Ils vont bien
lentement, ces travaux. Le soldat, corrompu par la
quantité d'argent qu'il a ici, par l'exemple des
sauvages et Canadiens, respirant un air imprégné
d'indépendance, travaille mollement. L'ingénieur
n'est presque jamais sur les travaux. Son intérêt
n'est pas que le fort soit achevé promptement. Il a
le privilège exclusif de vendre du vin (il se vend
cinquante-cinq sols la bouteille), et tout l'argent
des travailleurs, la paye même de ses soldats, vont
à sa cantine... Les soldats ont trop d'argent. Un
soldat du Languedoc a hier perdu au jeu cent
louis. Ce pays-ci est dangereux pour la discipline. »

En son âme d'honnête homme, Bougainville se
révoltait du gaspillage dont il était témoin. « J'ad-

mire, disait-il, avec quelle constance et quelle industrie on prend ici tous les moyens de prodiguer l'argent du Roi. »

Et ceux qui avaient en mains le gouvernement et l'approvisionnement de la colonie laissaient faire et encourageaient peut-être ce navrant état de choses. Pauvre France !

. . . .

Vers la fin d'octobre, les troupes se disloquèrent et partirent prendre leurs quartiers d'hiver sur les bords du Saint-Laurent. Montcalm, accompagné de Bougainville, se mit en route le 26. Le temps était brumeux. Une infinie tristesse planait sur le paysage. La navigation était pénible.

Bougainville se sentait épuisé par les fatigues de cette campagne et les atrocités dont il avait été le témoin. A Montréal, Montcalm l'autorisa à se séparer de lui et à aller se reposer à Québec, chez son parent, M. de Vienne, qui lui avait déjà donné l'hospitalité lors de son arrivée dans la Nouvelle-France. Bougainville remercia son général avec effusion et une goélette le mena jusqu'aux environs de Québec, où il fit son entrée en charrette le 9 novembre.

La nostalgie s'était emparée de lui. Il songeait à la lointaine patrie, à sa chère maman adoptive, aux joies brillantes de Páris, à tout ce qui fait la douceur de la vie. Il exhala sa lassitude physique et morale dans une longue lettre à son frère : « Je suis fatigué de la campagne, dit-il. Depuis

mon arrivée en Canada, j'ai fait près de cinq cents
lieues. Ces voyages continuels, la mauvaise nourriture, les veilles fréquentes, les nuits passées
dans les bois à la belle étoile, les courses avec les
sauvages ont un peu altéré ma poitrine. J'ai
même craché du sang à la fin du mois dernier. Le
régime et le repos me rétabliront et me mettront
en état de recommencer au printemps. Au reste,
je n'ai pas souffert seul de la rudesse de cette
campagne. Nous avons eu beaucoup de malades,
et M. de Montcalm a sa santé fort dérangée. Il
faudrait, en effet, un corps de fer pour ne pas
se ressentir de ces fatigues. Je continue à bien
vivre avec mon général. Il me comble de bontés.
Je fais aussi tout mon possible pour le satisfaire ;
il doit être content de sa campagne. Elle a été heureuse et même brillante, puisque partout très inférieurs en nombre, nous avons enlevé aux Anglais
une des places les plus importantes de ce pays,
et qu'ils n'ont pu nous entamer en aucune partie.
Puissent cette campagne et les succès que nous
avons eus en Europe nous valoir la paix ! Nous la
désirons ici plus vivement que personne. Quel
pays, mon cher frère, et qu'il faut de patience
pour supporter les dégoûts qu'on s'attache à nous
y donner !... Tout ce que je puis vous dire, c'est
qu'en quittant ce pays nous chanterons de bon
cœur l'*In exitu Israel.* »

. . . .

L'hiver, malgré son exceptionnelle rigueur, per-

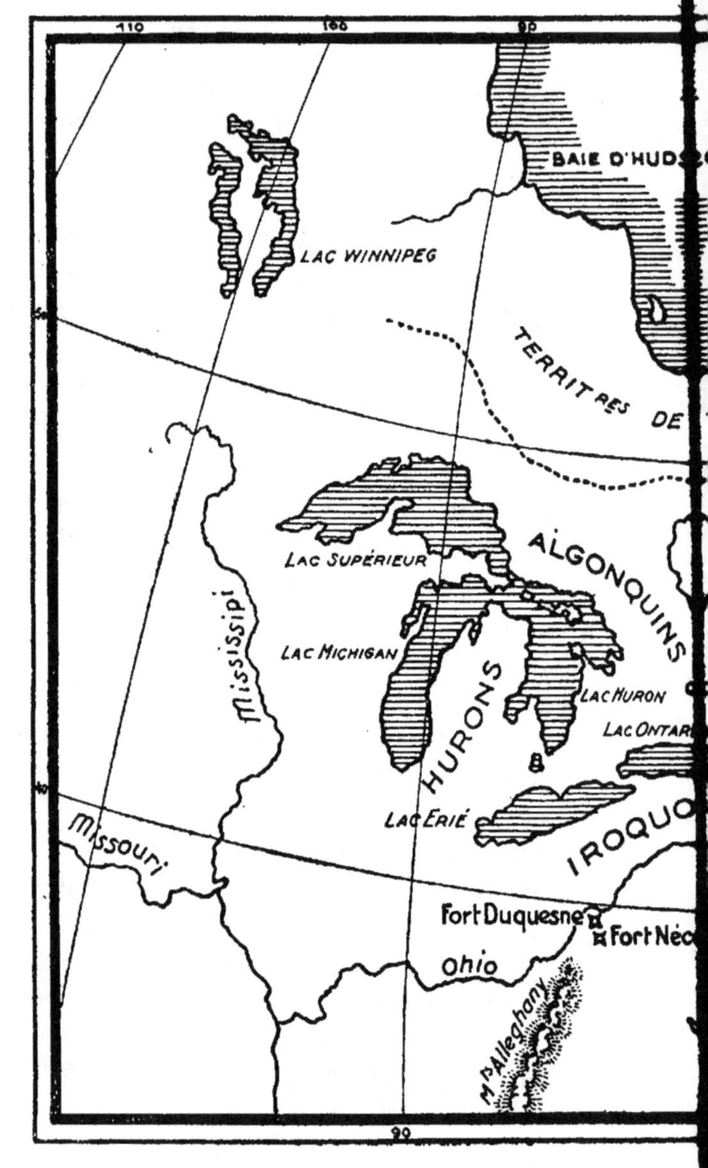

110
100
90
BAIE D'HUDS
LAC WINNIPEG
TERRIT RES DE
LAC SUPÉRIEUR
ALGONQUINS
Mississipi
Lac Michigan
HURONS
Lac Huron
Lac Ontar
Missouri
Lac Érié
IROQUO
Fort Duquesne
Fort Néc
ohio
Mts Alleghany
90

Le Canada a l'ép

70
60
50
D'HUDSON
Saint-Laurent
TERRE-NEUVE
I. ANTICOSTI
GOLFE DU St LAURENT
QUÉBEC
Cap Breton
MONTRÉAL
Lac Champlain
LOUISBOURG
Carillon
Saratoga
ACADIE
BOSTON
NEW YORK
OCÉAN ATLANTIQUE
70
60

mit à Bougainville de vivre d'une existence plus normale et de goûter les bienfaits de la civilisation. Il fréquentait la société de Québec, jouait gros jeu aux soirées de l'intendant, faisait scintiller son esprit, allait discuter théologie avec les jésuites et les prêtres.

Les délassements mondains ne l'empêchaient pas de travailler, de rédiger des mémoires, de mettre en ordre ses souvenirs, de tenir minutieusement son journal et d'écrire à sa mère adoptive, à son frère, à ses amis, d'admirables lettres où il épanchait son cœur.

Vers la fin de janvier, Bougainville reprit ses fonctions actives auprès de M. de Montcalm, qui commençait à établir les plans de l'expédition qu'il projetait pour l'été suivant contre le fort William Henry. Les relations entre le gouverneur et Montcalm étaient toujours extrêmement tendues. Aristocrates et gens du monde tous les deux, ils montraient cependant une certaine courtoisie dans leurs rapports extérieurs, mais chacun, dans le cercle de son intimité, déversait sur la tête de l'autre des torrents d'épigrammes et de malédictions. Au mois de mars, M. de Vaudreuil envoya un détachement composé en majeure partie d'officiers et de soldats canadiens faire une démonstration contre le fort William Henry. Montcalm et l'état-major français furent tenus en dehors de l'affaire, qui, du reste, ne fut pas sans profits, les abords du fort ayant été incendiés et l'ennemi ayant perdu des approvisionnements considérables. Bougainville, dans son journal, commenta avec ironie le fait qu'on avait envoyé le chef de l'artillerie française, M. Le Mercier, sommer le commandant du fort anglais de se rendre. Il écrivit dans son journal : « Le 20 mars, on fit traverser processionnellement le lac (Saint-Sacrement), à la vue des Anglais, à tout le détachement portant des échelles avec ostentation ; et on envoya M. Mercier au commandant du fort le sommer de se rendre. M. Mercier lui dit qu'il était d'usage, entre nations policées, de s'avertir avant les escalades pour éviter le carnage ; qu'il eût donc à se rendre et qu'il ne s'obstinât pas à défendre un terrain appartenant au Roi de France. Le sommé dut rire, et le sommant ignorait qu'une escalade est une action de surprise et que, la guerre une fois déclarée, le droit de propriété ou les prétentions ne font plus rien à la chose. C'est que, pour ne pas être ridicule à la guerre, il ne suffit pas d'être homme d'esprit. Le commandant anglais, après avoir rassemblé les officiers de sa garnison pour gagner du temps et avoir celui d'évacuer en partie les magasins extérieurs, répondit qu'il voulait se défendre... Les Anglais avaient profité de notre négligence pendant notre sommation pour découvrir les hangars, afin que le feu ne se communiquât point au fort. »

Bougainville n'était pas tendre pour les initiatives canadiennes. Comme la plupart des officiers

venus de France, il avait un certain mépris pour
ses confrères coloniaux, en qui il blâmait parfois,
non sans raison, la vanité et « l'esprit d'avidité, de
gain et de commerce susceptible de détruire l'esprit d'honneur, de gloire et l'esprit militaire ».
Cependant, Bougainville était sans morgue. D'une
absolue sincérité, il se faisait un devoir de noter
ce qui le choquait, et ce qui se passait dans la
Nouvelle-France ne lui pouvait donner qu'une
très lointaine idée des perfections humaines. Sa
première campagne au Canada et son hivernage à
Québec lui avaient permis d'étudier de près les
paysans et les sauvages. Psychologue subtil, Bougainville, malgré sa jeunesse, comprenait les
hommes, qu'ils fussent civilisés ou primitifs. Avec
son esprit précis de mathématicien, il savait à
merveille en délimiter et en définir les caractères
essentiels. C'est ainsi qu'il parle des paysans canadiens : « Les simples habitants seraient scandalisés
d'être appelés paysans. En effet, ils sont d'une
meilleure étoffe, ont plus d'esprit, plus d'éduca-
tion que ceux de France. Cela vient de ce qu'ils
ne payent aucun impôt, de ce qu'ils ont droit
d'aller à la chasse, à la pêche, et de ce qu'ils
vivent dans une espèce d'indépendance. Ils sont
braves, leur genre de courage, ainsi que les sauvages, est de s'exposer peu, de faire des embus-
cades ; ils sont fort bons dans le bois, adroits à
tirer ; ils se battent en s'éparpillant et se couvrant
de gros arbres ; c'est ainsi qu'à la Belle-Rivière ils

ont défait le général Braddock. Il faut convenir que les sauvages leur sont supérieurs dans ce genre de combattre et c'est l'affection qu'ils nous portent qui, jusqu'à présent, a conservé le Canada. Le Canadien est haut, glorieux, menteur, obligeant, affable, honnête, infatigable pour la chasse, les courses, les voyages qu'ils font dans les pays d'en haut, paresseux pour la culture des terres. Parmi ces mêmes Canadiens, on met une grande différence pour la guerre et les voyages d'en haut entre ceux du gouvernement de Québec et ceux du gouvernement des Trois Rivières et de Montréal, qui l'emportent sur les premiers, et ceux de Québec valent mieux pour la navigation ; parmi ces habitants, ceux qui voyagent dans les pays d'en haut sont réputés les plus braves. »

Quant aux sauvages, Bougainville ne se lassait pas de les observer. Ils étaient pour lui comme une source nouvelle et monstrueuse, où il étanchait sa soif d'inconnu. La nouvelle de la prise d'Oswego et du triomphe des armes françaises avait retenti dans les pays d'en haut et parmi les tribus les plus éloignées. Le prestige de la France était à son apogée et, quand le printemps fut venu, les Indiens accoururent en foule pour chanter la guerre avec leur père, le gouverneur. C'étaient les Sakis et les Illinois, les Abénakis et les Micmacs, les Kikapous du lac Michigan, qui se délectaient de chair humaine, et les fameux Mohicans. Certains campaient à Montréal sur la place et assiégeaient le palais du marquis de Vaudreuil, devant qui ils se livraient à mille rites bizarres auxquels celui-ci participait avec le sérieux le plus diplomatique.

Un jour, le chef d'un parti de trois cents Outaouais demanda à voir Montcalm, dont la réputation avait pénétré au fond des vastes forêts. En apercevant le général, dont la taille était petite, il lui exprima ainsi son impression : « Nous avons voulu voir ce fameux chef qui, en mettant pied à terre, a foulé aux pieds l'Anglais. Nous pensions que sa tête se perdait dans les nues. Tu es petit, mon père ; mais nous voyons dans tes yeux la grandeur des pins et le vol de l'aigle. »

Bougainville regardait avec philosophie tous ces Peaux-Rouges, la lance au poing et les chevelures à la ceinture, se pressant dans l'antichambre du gouverneur à côté des fonctionnaires français en perruque et en habit de cour, qui portaient avec élégance l'épée au côté. Deux mondes qui se frôlaient, la barbarie qui venait tendre la main à la vieille civilisation, et pourquoi ? Pour la guerre !

CHAPITRE VI

Deuxième campagne

Au printemps de cette année 1759, la disette commençait à se faire sentir au Canada. L'affluence des sauvages, à qui il fallait fournir une prodigieuse abondance de vivres, de vin et d'eau-de-vie, n'était pas étrangère à cet état de choses. Le gâchis et les prévarications de l'intendance n'étaient certes pas faits pour améliorer la situation. Le gouverneur avait demandé en France des secours en hommes aussi bien qu'en vivres et en munitions. Toute la colonie attendait avec impatience la venue des vaisseaux de la mère patrie, dont depuis cinq mois on était sans nouvelles, les côtes canadiennes et le Saint-Laurent étant impraticables l'hiver à cause des glaces. Au mois de mai enfin, les navires arrivèrent avec les secours tant désirés.

Bougainville, en ouvrant les lettres qui lui étaient adressées, disait avec mélancolie : « Quand on a été un an absent de sa patrie, devrait-on souhaiter en avoir des nouvelles ? » Celles-ci n'étaient pas, en effet, pour réjouir son cœur. Son frère lui annonçait la mort de son père. Cette perte se

compliquait de gros soucis de famille. Mme Hérault était en proie à des ennuis assez graves.
Point de réconfort pour le jeune officier, qui
avait la perspective d'une campagne plus dure
peut-être que celle de l'an dernier. Mais Bougainville secoua vite sa tristesse. Homme d'action, il
se voua, sans manifester sa peine, aux devoirs de
sa fonction. Montcalm préparait la puissante expédition qui avait été décidée contre le fort William
Henry et à laquelle huit mille hommes devaient
prendre part. C'était une tâche formidable, que
Bougainville affrontait avec courage, mais non
sans appréhension à cause des atrocités qu'il prévoyait : « Je vous dirai seulement, écrivait-il à
Mme Hérault, que nous comptons sur deux sièges
et une bataille, que votre enfant frémit des horreurs dont il sera forcé d'être le témoin. Diffici-
lement pourrons-nous contenir ces sauvages des
pays d'en haut, les plus féroces de tous les hommes
et grands anthropophages de leur métier. Écoutez
un peu ce que les chefs sont venus dire, il y a trois
jours, à M. de Montcalm : « Mon père, ne compte
pas que nous puissions aisément faire quartier à
l'Anglais. Nous avons des jeunes gens qui n'ont
point encore bu de ce bouillon. La chair fraîche
les a amenés ici des extrémités de l'univers ; il
faut bien qu'ils apprennent à manier le couteau et
à l'enfoncer dans un cœur anglais ! » Voilà nos
camarades, ma chère maman ; quelle compagnie,
quel spectacle pour un cœur humain ! »

Dans un style plus pittoresque, Bougainville écrivait à son frère le 3o juin : « Nous aurons près de huit mille hommes, dont mille huit cents sauvages, nus, noirs, rouges, rugissant, mugissant, dansant, chantant la guerre, s'enivrant, demandant du bouillon, c'est-à-dire du sang, attirés de cinq cents lieues par l'odeur de la chair fraîche et l'occasion d'apprendre à leur jeunesse comment on découpe un humain destiné à la chaudière. Voilà nos camarades qui, jour et nuit, sont notre ombre. Je frémis des spectacles affreux qu'ils nous préparent. »

Les événements qui devaient suivre allaient donner aux pressentiments de Bougainville une effroyable réalisation. Mais le moment de l'expédition était venu. « Bougainville a besoin d'aller en campagne », écrivait Montcalm. L'état-major se dirigea vers Carillon, où devait avoir lieu la concentration. En cours de route, il fallut que les officiers français subissent une longue suite de cérémonies sauvages. Les Indiens étaient un « mal nécessaire », et, comme on ne pouvait se passer d'eux, on devait accepter leur protocole. Aussi, c'est le plus philosophiquement du monde que le 1o juillet, au Saut Saint-Louis, Bougainville dut se soumettre aux rites qui faisaient de lui un membre de la famille des Iroquois. « J'ai beaucoup étendu votre famille, écrivit-il à Mme Hérault, et sans vanité je vous ai donné d'assez vilains parents. Les Iroquois du Saut Saint-Louis ont naturalisé votre

enfant adoptif et l'ont nommé *Garoniatsigoa*,
c'est-à-dire le *Grand Ciel en courroux*. Mon air
céleste a donc l'air bien méchant ?... Me voilà
donc chef de guerre iroquois... On m'a montré à
toute·la nation, présenté le premier morceau au
festin, et j'ai chanté ma chanson de guerre en
partie avec le premier chef de guerre. Les autres
m'ont dédié les leurs. J'ai visité toute ma famille
et j'ai donné de quoi faire un festin à toutes les
cabanes. »

Une chose diminuait la répugnance que Bougainville n'avait pas manqué de ressentir en se
faisant adopter par cette famille colorée, c'était
que ses nouveaux frères n'étaient pas anthropophages. Ils étaient chrétiens et relativement civilisés. Merveilleux cavaliers, leur occupation principale était le dressage des chevaux. Quant aux
sœurs nouvelles de Bougainville, elles cultivaient
les champs et soignaient les bestiaux. C'était une
parenté bucolique !

. . . .

Après un court arrêt au camp de Carillon, où il
ne fallut pas moins de toute la diplomatie de
Montcalm pour amener la paix et la cohésion
parmi les mille huit cents sauvages qui s'y trouvaient, l'armée française s'embarqua sur le lac
Saint-Sacrement et débarqua le 3 août devant le
fort William Henry, qui, bâti sur une falaise,
dominait toute l'extrémité méridionale du lac.
Comme lors de la prise d'Oswego, les travaux

d'investissement furent poussés avec une extraordinaire rapidité. Nuit et jour, sans arrêt, Français, Canadiens et sauvages creusaient des retranchements sur l'ordre de Montcalm et de l'ingénieur Desandrouins. Les canons anglais avaient beau faire pleuvoir leur mitraille sur les travailleurs, ceux-ci continuaient leur tâche avec une infatigable ardeur. Il semblait qu'une fièvre se fût emparée d'eux. Bougainville se prodiguait, comme à la dernière campagne, et partageait la fantastique activité de son général.

Le 6 août, des éclaireurs français tuèrent un courrier qui venait du fort Édouard, fort anglais situé environ à six lieues au sud de William Henry et où commandait le général Webb. Dans les habits du courrier se trouvait une lettre de ce général adressée au lieutenant-colonel Monro, vieil et brave officier d'Écosse qui commandait William Henry. Dans cette lettre, le général Webb promettait de secourir le fort William Henry, au cas où il pourrait rassembler à temps les milices du pays. En attendant, il exhortait Monro à bien se défendre, tout en insinuant, cependant, qu'il ne devait pas attendre la dernière extrémité, afin de pouvoir obtenir des conditions plus honorables.

Le lendemain, le 7 août, Montcalm, qui faisait la guerre à la française, envoya Bougainville remettre au commandant du fort la dépêche interceptée du général Webb. Il y joignit une lettre personnelle, dans laquelle il donnait à

Monro le conseil de ne point prolonger sa défense
jusqu'au dernier moment, afin de ne pas exciter
la fureur des sauvages. Bougainville a raconté
ainsi la manière dont s'était accomplie sa mission :
« J'ai débouché de la tranchée, faisant porter
devant moi un pavillon rouge, accompagné d'un
tambour qui battait le rappel et d'une escorte de
dix-huit grenadiers. Les Anglais m'ont crié de
faire halte au pied des glacis ; un officier et quinze
grenadiers sont venus à moi et m'ont demandé ce
que je voulais. Sur ce que j'ai dit, que j'avais
une lettre de mon général à remettre au commandant anglais, deux autres officiers sont sortis de
la place, dont l'un est resté à la garde de mes
grenadiers et l'autre, m'ayant bandé les yeux,
m'a conduit d'abord au fort, ensuite au camp
retranché, où j'ai remis au commandant la lettre
du marquis de Montcalm et celle du général Webb.
Grands remerciements de la politesse française,
protestations de joie d'avoir affaire à un ennemi
aussi généreux : tel est le contenu de la réponse
du lieutenant-colonel Monro au marquis de Montcalm. L'on m'a ramené, les yeux toujours bandés,
où l'on m'avait pris, et nos batteries ont commencé
à tirer quand on a jugé que les grenadiers
avaient eu le temps de rentrer dans le fort. »

Le vaillant Monro avait décidé de résister. Mais
l'artillerie française lui avait démonté plusieurs
de ses canons et, les travaux d'approche étant
terminés, elle allait cribler les remparts de projec-

tiles. La brèche allait être bientôt prête pour l'assaut. Les soldats anglais étaient démoralisés, désespérés et ils n'acceptaient de faire leur service que lorsqu'on leur avait fait absorber une copieuse ration d'eau-de-vie. Dans ces conditions, Monro ne pouvait penser à tenir plus longtemps. Il discuta avec ses officiers quels termes de capitulation il pouvait honorablement accepter et, le 9 août, vers sept heures du matin, il fit arborer le drapeau blanc.

Bougainville fut envoyé auprès du lieutenant-colonel Monro pour rédiger la capitulation et prendre les premières mesures relatives à l'évacuation de la place. La garnison devait abandonner le fort et ce qu'il contenait, mais elle sortirait avec tous les honneurs de la guerre et serait conduite au fort Édouard escortée par un détachement de troupes françaises et par les principaux officiers et interprètes attachés aux sauvages. Les soldats de la garnison ne pourraient, durant l'espace de dix-huit mois, servir contre la France ni contre ses alliés.

Bougainville s'acquitta de sa mission avec son tact et sa courtoisie habituels. Quand les troupes anglaises eurent évacué le fort, il en prit possession. A son désespoir, il fut impuissant à arrêter la meute des sauvages qui, selon sa coutume, s'était précipitée pour piller les effets qui restaient. Les Anglais ayant laissé quelques malades dans les casemates, les Indiens les massacrèrent sans pitié.

Écœuré par cette barbarie qu'il lui avait été
humainement impossible de prévenir, Bougainville reçut avec soulagement l'ordre que Montcalm
lui donna de partir le soir même pour Montréal,
afin de porter au gouverneur la nouvelle de la
capitulation du fort William Henry.

Quelques jours après son arrivée à Montréal,
Bougainville apprit l'épouvantable massacre que
les sauvages ivres avaient fait, le 11 août, de cinquante prisonniers anglais, qui, selon les termes
de la capitulation étaient conduits vers le fort
Édouard. Bien que la cause de cette tuerie provînt
en partie de la terreur manifestée par les Anglais
devant les Indiens et de la pusillanimité de Monro,
qui pour apaiser la furie hurlante des barbares,
ordonna à ses soldats de jeter leurs sacs où se trouvait de l'eau-de-vie, Bougainville frémit de honte
et une fois de plus condamna amèrement ces
odieuses méthodes de guerre. Le 22 août, il
retourna à Carillon pour rendre compte à Montcalm de l'exécution de sa mission. A sa grande
satisfaction, il trouva au camp une véritable discipline que l'énergie de Montcalm était parvenue
à imposer. On y passait par les verges les soldats
qui procuraient de l'eau-de-vie aux sauvages.

Le 1ᵉʳ septembre, Montcalm et son aide de
camp revinrent à Montréal. Cette deuxième campagne s'était terminée par une deuxième victoire.
Un autre hiver s'ouvrait pour Bougainville sur les
rives du Saint-Laurent. Perspective peu réjouis-

sante. L'atmosphère du Canada pesait lourdement sur le cœur du jeune officier. Trop de manquements à l'honneur, trop de mesquineries heurtaient sa nature droite et loyale. Il étouffait. « L'air qu'on respire ici, disait-il, est contagieux, et je crains qu'un plus long séjour ici ne nous fasse prendre les vices de gens auxquels nous ne communiquons aucunes vertus... Il n'y a rien à apprendre ici. On ne peut même s'y éprouver et savoir si l'on est brave. »

Brave, il l'était jusqu'au bout des ongles, ce parfait gentilhomme de la vieille France. Il l'avait prouvé et allait le prouver maintes fois encore de la plus éclatante manière. Il avait l'estime absolue de son général qui écrivait au marquis de Paulmy, ministre de la Guerre : « Je puis vous assurer que sa tête est bien militaire et qu'en joignant à la théorie qu'il avait déjà, de l'expérience, ce sera un sujet de distinction... Je crois pouvoir vous répondre de la droiture de son cœur. »

Le marquis de Montcalm, qui savait juger les hommes, avait bien jugé Bougainville.

CHAPITRE VII

Deuxième hivernage et troisième campagne

Avant que les premières glaces ne rendissent impossible toute circulation des vaisseaux sur le Saint-Laurent, Bougainville dit son adieu hivernal à ses parents et amis de France dans des lettres exquises où il laissait s'épanouir sa fine sensibilité et les trésors de tendresse qui sommeillaient en lui. Çà et là jaillissait, en source pure, la délicieuse malice qui constitue l'apanage d'un enfant de Paris. Les lettres de Bougainville, c'est toute son âme affectueuse, claire, gaie, profonde et nostalgique. « Voici donc la dernière fois de l'année, ma chère maman, écrit-il à Mme Hérault, qu'il me sera permis de causer avec vous. Depuis huit jours déjà la neige a couvert cette terre malheureuse et les frimas vont se joindre aux autres rigueurs que nous promet l'hiver de huit mois. Pendant, je vais penser à vous, à la France, m'instruire, faire profiter mon âme du malaise de la machine. A mon retour, ma chère maman, vous me trouverez une créature un peu singulière, philosophie intermittente, les mêmes passions qu'auparavant, mais plus d'accès de sagesse, assez de réflexion, de beaux projets, mais en général une faible exécution. Que voulez-vous? Ces lieux si propres à faire naître et à entretenir la mélancolie, ces objets qui se succèdent toujours tristes, hideux, horribles même, la nature de ce monde brut, et plus encore, le naturel des habitants, quel théâtre, quel spectacle, quel champ pour les idées misanthropiques, quelle carrière pour les regrets et les désirs! L'espoir de quitter cet exil revient, la scène s'éclaircit, les idées s'égayent, l'illusion commence, mais elle meurt aussitôt, et l'image du présent anéantit l'espérance de l'avenir. Voilà, ma chère maman, la situation de votre enfant, état de crise et qui exigerait une âme à plusieurs étages. L'idée d'être un peu aimé de vous, de mériter votre estime, est la seule qui me soutienne. Tout se rapporte à cette idée dominante. Je ne fais rien que je m'imagine que vous êtes présente, que vous me regardez, que vous allez ou me condamner ou m'approuver. Vous êtes mon juge et ma récompense. Ai-je tort, ma chère maman, de penser ainsi? Et si je puis parvenir à valoir quelque chose, en serez-vous flattée? Je vous l'avouerai : vos sentiments seront pour moi la pierre de touche de ma valeur intrinsèque et mon ambition s'éteindrait si vous cessiez de vous intéresser à moi. »

L'hiver de 1757-1758, que Bougainville passa presque entièrement à Québec, ne fut marqué

pour lui d'aucun incident notoire. Son regard aigu
était sans cesse en éveil et son journal s'enrichissait chaque jour des fruits copieux de ses observations. Il empruntait le fouet de Juvénal pour flétrir
les scandaleuses fortunes qui s'édifiaient sur la
disette dont souffrait le peuple et pour stigmatiser
les vols éhontés des approvisionneurs publics. Il
notait la confidence que le grand vicaire lui avait
faite en lui disant que « la plupart des pénitents
croyaient que voler le Roi est peccadille ».

Comme il était philosophe et qu'il fallait bien
accepter l'inévitable, il allait, quand il déposait
sa plume, se délasser dans les salons de la ville. Là,
il se plaisait dans la compagnie des femmes et
parfois ses lèvres s'attardaient sur une main fine
et parfumée. Ainsi que tous ceux qui sont épris
d'aventures, il aimait le jeu. Le pharaon était très
en faveur à Québec et des sommes formidables
changeaient de mains tous les soirs. Bougainville
ne fut pas un des moins assidus aux tables de jeu.
Il perdait et gagnait avec sérénité. Le jeu n'était-il
point ce que les Anglais appelaient un sport, et
n'en fallait-il pas accepter les chances avec une
égale humeur ?

Malgré ces plaisirs accessoires, Bougainville
n'était vraiment heureux — dans la mesure où il
pouvait l'être dans ce pays — que lorsqu'il travaillait. Outre les mémoires qu'il préparait pour le
ministère, il se délectait dans la lecture de ses
auteurs favoris : « Sans Montaigne, Horace, Vir-

gile, Tacite, Montesquieu, Corneille, les conver-
sations et les bontés de mon général, l'ennui
m'aurait consumé », dit-il. Montcalm était un fin
lettré et c'était une joie pour ces deux hommes de
s'envoler au-dessus de la rude terre où le devoir
les avait amenés et de planer dans les hautes cimes
où les élus peuvent voir errer les ombres des
grands classiques.

Ainsi le temps passait. Le 22 février, Bougainville revint à Montréal où il passa le reste de la
saison. Il dut à deux reprises aller remplir ses
devoirs de famille et visiter ses frères Iroquois
du Saut-Saint-Louis. Comme un bon parent qui
se respecte, il arriva, lors de sa première visite,
les mains chargées de tabac et de vermillon. Sa
générosité redoubla l'affection que ses frères
cuivrés lui portaient. Ceux-ci lui déclarèrent
même qu'à l'avenir, ils se considéreraient plutôt
comme ses enfants que comme ses frères. La
généalogie indienne, qui, à vue d'œil, vieillit les
uns et rajeunit les autres, défie le temps. La seconde
visite de Bougainville à ses nouveaux enfants fut
infiniment moins réjouissante. Sa famille ayant
eu deux ou trois de ses membres tués dans une
escarmouche contre les Anglais, il lui fallut aller
manifester publiquement sa douleur parmi les
siens. Il pleura, gémit et fuma dans le calumet
des enterrements.

Avril arriva et ne trouva point Bougainville
dans de meilleures dispositions vis-à-vis de la Nou-

velle-France. « On ne vit dans ce climat affreux, écrivit-il à son frère, que pour désirer de vieillir ; les jours ne sont beaux que lorsqu'ils sont passés, comme si le temps que nous traînons sur ces rives barbares nous devait être rendu et que le maître de la vie ne le mît pas en ligne de compte de la durée de notre existence. Vous me trouverez changé à beaucoup d'égards, mon cher frère. Mon humeur se flegmatise et, par conséquent, est plus sérieuse. Je me donne les airs de réfléchir. Je médite, j'approfondis même, je suis enfin une manière de philosophe. Quelle gaieté serait à l'épreuve de ce climat et de ses habitants ? »

Le 19 mai, les premiers navires de France entrèrent dans la rade de Québec. Les nouvelles qu'ils apportaient étaient mauvaises. La France avait perdu contre le roi de Prusse la sanglante bataille de Rosbach. En apprenant la victoire de Frédéric II, Bougainville s'écria : « Les nouvelles d'Europe prouvent bien la vérité de ce proverbe grec qui dit qu' « il vaut mieux une armée de cerfs commandée par un lion qu'une armée de lions commandée par un cerf. »

On apprenait aussi quels formidables armements l'Angleterre préparait contre le Canada et avec quelle inlassable persévérance le génie de Pitt organisait la lutte. On avait maintenant la certi-

tude que les Anglais allaient attaquer simulta-
nément Louisbourg, Carillon et le fort Duquesne.
Il fallait agir, sans perdre une seconde. La pré-
paration du plan de campagne ne fit qu'aggraver
l'amertume qui imprégnait les relations de Montcalm et de Vaudreuil. « Je vois avec douleur, disait
Bougainville, la mésintelligence croître entre nos
chefs. »

Mais l'heure n'était pas aux tergiversations. Le
3o juin, Montcalm arrivait à Carillon, accompagné de son aide de camp qui y reçut son brevet
d'aide-maréchal des logis. Environ treize mille
Anglais, commandés par le général Abercromby,
se préparaient à attaquer les trois mille cinq cents
hommes que Montcalm avait à sa disposition. Le
général français avait pris position un peu en
avant du fort, sur une hauteur qu'il avait fortifiée avec les troncs d'arbres abattus par ses
hommes. A sa droite il avait le chevalier de Lévis
et à sa gauche le colonel de Bourlamaque. La
chaleur était étouffante et quand, le 8 juillet,
l'avant-garde anglaise eut débouché des bois,
Montcalm, enlevant son habit, dit à ses soldats :
« La journée sera chaude, mes enfants. »

Elle le fut. Les troupes anglaises héroïquement
s'avancèrent et furent décimées par le feu précis
des Canadiens et des Français. L'une après l'autre
les vagues d'hommes déferlaient et se brisaient
devant les retranchements. Montcalm, des éclairs
dans les yeux, l'épée au poing, encourageait ses

hommes et, défiant la mort, se portait aux premières lignes. Bougainville suivait superbement l'exemple de son chef. Une balle lui fit une blessure légère à la tête. Il continua de se battre. Les Anglais et les admirables bataillons d'highlanders marchaient toujours sans peur au-devant de la muraille de feu qui les abattait. Tout à coup, de l'extrême droite, un cri retentit : « En avant, Canadiens ! » C'était le chevalier de Lévis qui ordonnait une sortie aux intrépides coureurs de bois, dont un renfort venait d'arriver. Tireurs prodigieux, ces soldats décimèrent les rangs ennemis. Les Anglais reculèrent et malgré une dernière attaque désespérée, vers six heures du soir, abandonnèrent le terrain, en laissant près de deux mille hommes sur le champ de bataille. L'affaire de Carillon avait coûté aux Français en officiers quatorze tués et vingt blessés et en soldats quatre-vingt-douze tués et deux cent quarante-huit blessés. Les compagnies coloniales et les miliciens n'avaient eu que deux officiers blessés et vingt et un soldats tués ou blessés.

Le 12 juillet au matin, toute l'armée française, rangée en bataille sur le plateau de Carillon, chanta l'hymne de la victoire, parmi le bruit des fanfares, le roulement du tambour et le grondement du canon. Une grande croix fut dressée par ordre de Montcalm qui y fit mettre cette inscription composée par lui-même :

Quid dux ? quid miles ? quid strata ingentia ligna ?
En signum! en victor! Deus hic, Deus ipse triumphat!

Chrétien, ce ne fut point Montcalm et sa prudence,
Ces arbres renversés, ces héros, leurs exploits,
Qui des Anglais confus ont brisé l'espérance;
C'est le bras de ton Dieu vainqueur sur cette croix.

Les trois campagnes auxquelles avait pris part Bougainville s'étaient terminées par trois victoires.

Lorsque son aide de camp fut remis de sa blessure, Montcalm l'envoya à Montréal en vue de négocier un accommodement avec le gouverneur, qui avait amèrement critiqué le général de ne pas avoir poursuivi l'armée anglaise et de n'avoir pas tiré tous les avantages de sa victoire. Le marquis de Vaudreuil, ainsi que la plupart des Canadiens, accoutumé à la guerre coloniale, ne comprenait point les tactiques européennes que Montcalm avait introduites. Bougainville prenait entièrement le parti de son général contre les blâmes du gouverneur.

« Maintenant, écrivit-il, la guerre s'établit ici sur le pied européen. Des projets de campagne, des armées, de l'artillerie, des sièges, des batailles. Il ne s'agit plus de faire coup, mais de conquérir ou d'être conquis. Quelle révolution! Quel changement! On croirait que les gens de ce pays, étonnés de la nouveauté de ces objets, demanderaient quelque temps pour y accoutumer leurs yeux ; quelque temps ensuite pour réfléchir sur ce qu'ils auraient vu ; quelque temps encore pour effacer leurs premières idées devenues fausses, dangereuses, préjugés de l'enfance ; enfin, beaucoup de temps pour apprendre des principes, tirer des conjectures, se mettre à l'école de l'expérience. Au contraire : bourgeois, financiers, marchands, officiers, évêques, curés, jésuites, tout cela projette, disserte, parle, déparle, prononce sur la guerre. Tout est Turenne ou Folard. Grand malheur pour ce pays ; il périra victime de ses préjugés ou de la friponnerie de ses chefs. »

Grâce à la diplomatie de Bougainville, l'entente fut momentanément rétablie entre Montcalm et Vaudreuil.

Bougainville revint le 13 août à Carillon et le lendemain alla, en parlementaire, au camp des Anglais afin de régler quelques points en suspens. Il fut reçu et traité avec la plus grande politesse. Il paria même un panier de vin de Champagne avec le capitaine Abercromby, neveu du général anglais, que la forteresse de Louisbourg ne tomberait point. Le 26 août, il allait apprendre, le cœur serré, qu'il avait perdu son pari.

Le 9 septembre, Bougainville accompagna Montcalm à Montréal. La situation était devenue impossible. Le prix des vivres augmentait d'une manière vertigineuse et les officiers ne pouvaient plus se suffire avec leur solde. « Tout le monde le voit, s'écriait Bougainville, tout le monde le sait,

le cri est général. Qu'importe à ces concussion-
naires qui se jouent de l'autorité ! »

Montcalm, excédé, demandait son rappel et,
malgré sa dernière victoire, éclatante entre toutes,
il désespérait de l'avenir de la colonie. Le 27 juillet, les Anglais étaient entrés dans Louisbourg
en ruines, après une héroïque défense de la
citadelle. Une colonne anglaise s'était emparée du
fort de Frontenac. Le fort Duquesne s'était rendu.
Presque sans défenseurs, la plus grande partie de
sa garnison ayant dû se retirer faute de vivres, il
n'avait pu résister au choc terrible des forces
britanniques. La Louisiane était désormais coupée
du Canada. Les vivres, comme les hommes,
s'épuisaient. Les derniers renforts avaient été
nettement insuffisants. Il fallait qu'une voix auto-
risée allât demander à la cour de France les secours
sans lesquels la colonie allait fatalement sombrer.
Montcalm pensa qu'un seul homme avait le tact,
l'énergie et l'intelligence nécessaires pour une si
grave mission et il pria le gouverneur, qui donna
sans tarder son assentiment, d'envoyer Bougainville à Versailles.

La mission de Bougainville

Le 3 novembre, Bougainville partit de Montréal sur un bateau qui menait cinq officiers anglais à Québec. Cette première partie de navigation faillit tourner à la catastrophe. Le navire fit naufrage dans le Saint-Laurent et Bougainville passa la nuit sur une roche élevée de plus de six pieds au-dessus de l'eau. Il dut abandonner le bateau brisé par la haute mer et gagner la côte au point du jour en faisant plus de trois quarts de lieue dans l'eau glacée. « Quel pays, quel voyage ! s'écria-t-il. Il faut être citoyen ! » Le 11, il quitta Québec sur un corsaire malouin, la *Victoire*. La traversée, qui dura cinquante-deux jours, fut atroce. Par deux fois, le navire fut sur le point de sombrer et par deux fois l'équipage fit le vœu de faire célébrer une messe solennelle et d'aller processionnellement nu-pieds et en chemise entendre la messe promise à la première terre où le vaisseau aborderait. La passion de navigateur qui devait plus tard s'emparer de Bougainville n'avait point enflammé son âme pendant cet affreux voyage, qui lui inspira ces lignes bien peu dignes d'un futur enfant de Neptune : « Je serais bien tenté de pardonner à Énée les larmes qu'il verse dans les tempêtes. Un héros peut bien l'être et avoir peur de se noyer... O trois et quatre fois heureux le jardinier qui plante ses choux, car il a toujours un pied à terre et l'autre n'en est éloigné que du fer d'une bêche ! »

Pour comble de malchance, le compas de route était défectueux. Après avoir réussi à échapper aux frégates anglaises, la *Victoire* alla presque débarquer sur les côtes britanniques. On se croyait dans les parages de Belle-Isle, quand on s'aperçut qu'on entrait dans la Manche de Bristol. Enfin, les côtes de France furent aperçues. Le visage de Bougainville rayonna de joie. Le 20 décembre, à pleins poumons, l'aide de camp de Montcalm s'enivrait de l'air de Paris. Il revit les siens et goûta hâtivement les joies infinies de l'affection. Mais sa mission l'appelait à Versailles. Mission difficile et dont il ne se dissimulait pas les écueils. Montcalm voulait se justifier des plaintes portées contre lui par Vaudreuil, qui, de son côté, voulait dégager sa responsabilité des concussions commises par l'intendant Bigot et par ses complices. Bougainville savait qu'il allait évoluer dans une atmosphère d'orage.

Le marquis de Vaudreuil avait envoyé au ministre une lettre chiffrée, où il lui annonçait la mission de Bougainville et aussi celle de Doreil, commissaire des guerres, qui, rappelé en France pour des affaires de famille, était venu sur un autre vaisseau. « Dans la vue de condescendre aux désirs de M. le marquis de Montcalm, écrivait le gouverneur au ministre, et de me servir de toutes les voies pour maintenir l'union avec lui, j'ai accordé à MM. Doreil et Bougainville une lettre de créance, mais je dois avoir l'honneur de vous observer, monseigneur, que ces messieurs ne connaissent point assez parfaitement la colonie et ses vrais intérêts pour pouvoir avoir l'honneur de vous en parler pertinemment. Vous pourrez, cependant, monseigneur, être persuadé que, sous quelque couleur qu'ils vous dépeignent notre situation, ils ne pourront assez vous exprimer combien elle est triste et à tous égards critique, par le manque d'hommes, de vivres et de munitions de toute espèce.

« Je dois, d'ailleurs, monseigneur, vous prévenir que ces messieurs, étant créatures de M. de Montcalm, abondent entièrement dans ses sentiments. Je m'attends qu'ils tâcheront d'éteindre ou du moins de diminuer les actions de la colonie, dans l'unique vue d'attribuer aux troupes de terre tous les avantages que nous avons eus sur l'ennemi. »

Quant à la lettre de créance que Bougainville devait remettre en personne au ministre, le gouverneur l'avait parsemée de roses à l'endroit de son ambassadeur, qui ignorait les épines du

message secret : « La situation actuelle de la
colonie, disait cette lettre, m'ayant paru exiger
que j'envoyasse un officier capable d'en bien représenter toutes les circonstances, j'ai choisi, de
concert avec M. le marquis de Montcalm, M. Bougainville, aide-maréchal des logis de cette armée...
Il est à tous égards plus en état que personne de
remplir cet objet. »

. . . .

Les yeux éblouis, se demandant si les longs
mois qu'il venait de vivre au Canada n'étaient pas
un affreux cauchemar, Bougainville revit les
splendeurs de Versailles. Il savait qu'une femme
dirigeait la France et il alla s'incliner devant la
duchesse de Pompadour, que l'on continuait à
nommer « la marquise ». La favorite fit un accueil
charmant au jeune officier qu'elle avait, trois ans
auparavant, fait nommer au poste qu'il sollicitait.
Bougainville, encouragé par l'adorable sourire de
la toute-puissante duchesse, lui exposa, ainsi qu'il
venait de le faire aux ministres de la Guerre et de
la Marine, l'état désespéré de la colonie et les
remèdes que M. de Montcalm et lui envisageaient
pour la sauver. Avec une saisissante netteté il
montra d'un côté les Anglais, avec plus de 35o
lieues de côtes ouvertes aux secours d'Europe,
qui allaient avoir sous les armes aù printemps
près de quatre-vingt mille hommes, puissamment
armés, et de l'autre les Français, avec trois mille

quatre cents soldats réguliers, mille deux cents
soldats de marine et six mille miliciens, manquant
de tout, même de poudre, au point que si les
Anglais venaient à Québec, on n'aurait pas de
quoi tirer le canon pendant six jours. Il fallait
absolument que la France envoyât des troupes, au
moins mille cinq cents hommes, et puis des ingénieurs, des canonniers, de l'artillerie. Il fallait
des vivres et des munitions en abondance. Le
Canada était moribond.

Si l'on pouvait avoir les renforts nécessaires, il
serait possible d'opérer une diversion en débar-
quant quatre mille hommes sur les côtes de la
Caroline. Cela dégagerait la Nouvelle-France. On
offrirait alors la neutralité aux colons de la Pen-
sylvanie, presque tous quakers et à qui leurs principes religieux défendaient de faire la guerre. Au
cas où les troupes seraient obligées d'évacuer le
Canada, on pourrait se retirer dans la Louisiane,
car il était essentiel de garder toujours un pied
en Amérique.

Mme de Pompadour écouta avec un intérêt
croissant l'exposé de Bougainville. Elle lui promit
d'user de tout son pouvoir pour venir en aide à la
malheureuse colonie. Ce projet de débarquement
en Caroline lui semblait excellent et elle le soumit
sans tarder à un comité de ministres. Il fut agréé.
Mais il fallait recueillir les fonds nécessaires à
l'entreprise. Les coffres du roi étaient vides.
Mme de Pompadour se mit en quête pour trouver

deux millions. Ses efforts furent vains et le projet
fut abandonné.

Bougainville s'acquitta de sa mission avec tout
le zèle et la loyauté qu'on pouvait attendre de lui.
Il mit les ministres au courant des vols éhontés
et des spéculations scandaleuses qui se pratiquaient
dans les hautes sphères administratives de la
colonie. Il montra le danger que causaient à la
défense du Canada les dissentiments qui régnaient
entre Montcalm, le gouverneur et l'intendant. Il
demanda pour son général un pouvoir plus étendu
et une initiative plus complète en ce qui concer-
nait les opérations militaires. Il fit ressortir que
la subordination de Montcalm au marquis de Vaudreuil paralysait les mouvements du premier, qui
était le seul homme de guerre capable de sauver
le Canada. Bougainville eut gain de cause. Le
ministre de la Marine, Berryer, écrivit d'abord à
l'intendant :

« L'intention de Sa Majesté est que M. le
marquis de Montcalm soit non seulement con-
sulté sur toutes les opérations, mais encore sur
toutes les parties d'administration qui auront
rapport à la défense et à la conservation de la
colonie. Vous lui demanderez son avis en lui communiquant les lettres que je vous écris relativement à tous ces objets, et vous le préviendrez de
manière à gagner sa confiance, comme il cher-
chera de son côté à se concilier la vôtre. Vous ne
devez jamais perdre cette union de vue, le salut

de la colonie en dépend plus que jamais et le Roi le désire par-dessus tout. »

Le ministre écrivit également au gouverneur : « Il me reste à vous recommander en particulier la plus parfaite union avec M. de Montcalm et d'oublier, dans une circonstance qui exige le plus grand concert entre les chefs, tous les petits sujets d'altercation qu'il peut y avoir eu autrefois entre vous et lui... Vous ne devez paraître en campagne qu'autant qu'il serait question d'une affaire absolument décisive, et que vous seriez obligé de faire marcher toutes les milices du pays pour la défense générale de la colonie... Mais hors ce cas de nécessité, vous ne devez pas quitter le centre de la colonie, pour être à portée de veiller à tout. »

Bougainville, infatigable, ne cessait de harceler les ministres, leur rappelant les promesses faites et leur évoquant avec une saisissante réalité l'agonie de la Nouvelle-France. Des hommes, des vivres, des munitions, clamait-il sans relâche. Un jour, le ministre Berryer, impatienté, lui dit en faisant allusion à la stérile guerre d'Allemagne où s'engloutissaient les soldats et les millions de la France : « Monsieur, quand le feu est à la maison, on ne s'occupe pas des écuries. » Sans se laisser une seconde déconcerter par cette lamentable boutade, Bougainville répondit : « On ne dira pas, du moins, que vous parlez comme un cheval. »

Louis XV accorda plusieurs audiences à Bougainville. Favorablement impressionné par l'intelligence distinguée du jeune officier, le roi lui conféra le grade de colonel et le nomma chevalier de Saint-Louis. Toujours généreux, Bougainville sut chanter à la cour les louanges de son chef et de ses collègues. Montcalm fut élevé au grade de lieutenant-général et décoré du cordon rouge ; le chevalier de Lévis fut nommé maréchal de camp ; Bourlamaque, brigadier, ainsi que le brave colonel de Senezergues. Pour consoler le marquis de Vaudreuil de la restriction de ses pouvoirs militaires, le roi le nomma grand'croix de Saint-Louis. Quelquefois les honneurs récompensent, souvent aussi ils marquent une disgrâce.

Les promesses qu'on avait faites à Bougainville ne furent, hélas ! pas tenues en entier. Les envois de farine et de lard furent bien inférieurs à la quantité annoncée. Quant aux troupes expédiées au Canada, elles se réduisirent à trois cents hommes, quatre ingénieurs et vingt-quatre canonniers, ouvriers et armuriers. Des armes et des munitions furent fournies, mais avec une déplorable parcimonie.

La France, épuisée, du reste, par la guerre d'Europe, ne comprenait point l'importance qu'il y avait à garder la précieuse colonie. Elle regardait se jouer le grand drame américain avec la plus parfaite indifférence. Voltaire se demandait pourquoi l'on perdait son temps à disputer à l'Angleterre « quelques arpents de neige », et l'ancien secrétaire d'État à la Guerre, le comte d'Argenson, déclarait qu'il donnerait toutes les colonies françaises de l'Inde et de l'Amérique pour « une tête d'épingle ». Et pourtant, depuis neuf ans, la France avait dépensé plus de cent millions de livres pour le Canada ! Lourde charge pour le peuple. L'Angleterre était en train de jeter deux milliards de l'autre côté de l'Atlantique pour s'emparer de la plus belle des colonies françaises !

Malgré cette incompréhension, la mission de Bougainville était loin d'avoir été inutile. Elle avait éclairé vraiment la cour sur l'état critique du Canada, sur les bons services de Montcalm et de ses compagnons d'armes et sur l'injustice qu'il y aurait à les rendre responsables de la fin imminente de la colonie. Elle avait réussi à faire envoyer quelques vivres et quelques recrues. « Mais le peu est précieux à qui n'a rien », comme écrira Montcalm au ministre. Elle avait réussi à faire épurer la tourbe administrative et à mettre un frein au gâchis. Elle aurait, cette mission, un gros effet moral là-bas !

Vers la fin de février, Bougainville prit congé de la cour et alla s'embarquer à Bordeaux. Avant de partir, il rédigea pour Montcalm un curieux message chiffré où il résumait en style télégraphique les résultats de son ambassade et les impressions qu'il avait eues pendant ses deux mois de séjour à Versailles. « Pour vous seul : L'incor-

poration de la milice approuvée et recommandée...
Retraite à la Louisiane admirée, non acceptée...
Projet contre la Caroline approuvé, non suivi
faute d'argent. La magie des sauvages, leur caractère, celui des Canadiens, les âneries, jalousies,
intérêts, friponneries, bien développés. La cour
furieuse de la dépense; lettre forte à M. Bigot.
M. de Vaudreuil connu sans talent sera soutenu
par la marine, vous doit la grande croix de Saint-
Louis que j'ai demandée en votre nom, ce qui
vous fait honneur; modération. Battez-vous jusqu'à extinction; mais, si vous ne perdez pas tout,
prétendez à tout; vous êtes l'homme du jour...
Le Roi nul; Mme la marquise toute-puissante;
premier ministre, on lui avait dit que vous étiez
trop vif; j'ai détruit l'impression; a toute bonté
pour moi. Le duc de Choiseul grand crédit;
votre ami; M. Berryer intègre avec fracas, dur,
bon. M. le prince de Conti sans crédit, furieux.
M. le comte d'Argenson, M. le marquis de
Paulmy, coulés à fond. Les jésuites en la plus
critique position où jamais ils aient été. En général nulle consistance dans le conseil et la faveur.
Nul crédit; dans les finances tout au hasard...
Enfin, ne perdez pas tout, et vous serez tout. Vous
n'avez ni ennemi, ni même aucun jaloux... Je
vous nommerais toute la France, si je voulais
nommer toutes les personnes qui vous aiment et
vous veulent maréchal de France. Les petits enfants
savent votre nom... »

Avocat, mathématicien, homme du monde et homme de guerre, Bougainville s'était révélé une étoile de première grandeur dans le firmament de la diplomatie.

CHAPITRE IX

Difficile campagne

Le 10 mai, entrait dans Québec la frégate *la Chézine* qui amenait Bougainville et qui faisait partie d'une flotte de vingt-trois vaisseaux que le munitionnaire Cadet avait armée pour apporter des vivres dans la colonie. La traversée, qui avait duré environ deux mois, s'était passée sans grands incidents. *La Chézine* avait été prise dans les glaces tout près des côtes canadiennes; elle avait été immobilisée pendant une vingtaine de jours, mais elle avait, comme le reste de la flotte, pu échapper aux poursuites des croiseurs anglais. « Les Anglais ne me prendront jamais, m'ayant manqué cette fois », écrivait le jeune colonel à Mme Hérault.

L'arrivée de Bougainville fut comme un rayon de soleil pour la Nouvelle-France, qui avait connu toutes les tristesses d'un long hiver et d'une terrible disette. A Québec surtout, on mourait de faim. Les rations de pain avaient été réduites à des proportions infimes et les habitants étaient condamnés à manger du cheval. Conséquence inévitable de la disette, le moral de la population était très bas. On murmurait, on voulait ardemment la paix. Bougainville revenait avec des vivres, avec des renforts, qui, si faibles fussent-ils, donnaient tout de même la preuve que la France n'oubliait pas sa lointaine province. Bougainville avec lui ramenait l'espoir. Parlant du retour de Bougainville, un témoin écrivit : « Jamais joie ne fut plus générale; elle ranima le cœur de tout un peuple qui, pendant le cours d'un hiver des plus durs, avait été réduit à un quarteron de pain et à une demi-livre de cheval. »

Sans s'arrêter à Québec, Bougainville repartit aussitôt pour Montréal où se trouvaient Vaudreuil et Montcalm. Ce dernier le serra dans ses bras comme s'il eût été son enfant. Le gouverneur le félicita du succès de sa mission. Les officiers complimentèrent le nouveau colonel du grade que le roi lui avait conféré. Bougainville était le héros du jour !

Les nouvelles qu'il apportait à ses chefs, concernant les dispositions de l'Angleterre pour la campagne qui allait s'ouvrir, troublèrent un peu la sérénité des effusions de bienvenue. Une des nombreuses dépêches dont il était chargé annonçait le départ d'Angleterre du général Wolfe avec huit mille hommes à destination d'Halifax, où il devait rassembler le reste des troupes destinées à une formidable expédition contre Québec. Les Anglais, sans tarder, mettaient à profit la chute de Louisbourg qui leur ouvrait l'entrée du Saint-Laurent. Bougainville apportait également un document secret qui avait été saisi aux Anglais. C'était le projet d'attaque générale du Canada dressé pour le gouverneur général des colonies britanniques, le général Amherst. D'après ce projet, l'attaque devait être dirigée sur trois points différents. L'effort principal, confié au général Amherst, serait tenté par la voie du lac Saint-Sacrement et du lac Champlain; sa réussite permettrait aux Anglais de s'emparer de Montréal. A gauche, une expédition aurait comme objectif la prise du Niagara et la suprématie sur le lac Ontario. A droite, une opération indépendante, où seraient combinées les forces de Wolfe et de l'amiral Saunders, serait poussée contre Québec.

La situation était grave. La campagne allait être décisive. Il fallait agir sans retard, appeler toute la milice, répartir les troupes avec discernement et établir des camps retranchés, afin de prévenir le débarquement de l'ennemi sur la rive gauche du fleuve, aux alentours de Québec.

Avec un élan admirable, la milice répondit à l'appel du gouverneur qui était l'idole des Canadiens. On vit des vieillards de soixante ans et des jeunes garçons de douze ans venir s'engager. Chacun sentait que l'heure était tragique et que la Nouvelle-France allait sombrer à jamais si, dans un effort surhumain, ses fils n'essayaient point de la sauver.

Montcalm avait lu avec émotion la dépêche du

maréchal de Belle-Isle que Bougainville lui avait remise : « Il est de la dernière importance, disait ce message, de conserver un pied dans le Canada, quelque médiocre qu'en soit l'espace que vous pourriez conserver ; car, si nous l'avions une fois perdu en entier, il serait impossible de le ravoir. C'est pour remplir cet objet que le roi compte sur votre zèle, votre courage et votre opiniâtreté, et que vous mettiez en œuvre toute votre industrie, et que vous communiquerez les mêmes sentiments aux officiers principaux, et tous ensemble aux troupes qui sont sous vos ordres... La confiance du roi est entière dans votre personne et toutes les qualités qu'il vous connaît. »

Montcalm, brave entre les braves, répondit au maréchal : « J'ose répondre d'un entier dévouement à sauver cette malheureuse colonie ou à périr. »

Et, sur l'heure, il organisa la défense.

Dès le 22 mai, Bougainville se mit en mesure de reconnaître les positions où l'on pourrait établir les camps et il prit la direction de certains travaux de retranchement. Il fut décidé que Montcalm établirait son quartier général sur le plateau dominant la plage de Beaufort, en aval de Québec ; à sa droite, il aurait le camp de Bougainville et à sa gauche, jusqu'à la rivière de Montmorency, le chevalier de Lévis. De là, on pourrait surveiller l'arrivée de l'ennemi et se tenir constamment sur la défensive. Une activité intense

était déployée du côté français. Comme par
enchantement, les camps retranchés se dessinaient
et les fortifications de Québec se consolidaient.

Le 26 juin, les vaisseaux anglais apparurent et
débarquèrent des troupes dans la riante île d'Or-
léans, que, sur un rapport de Bougainville, on
avait abandonnée, toute résistance y ayant été
jugée impossible. Puis, ce fut un autre débarquement des soldats anglais sur une petite presqu'île
de la rive droite du Saint-Laurent, nommée pointe
de Lévis et dont la faible garnison n'avait pu
résister à cet envahissement. Wolfe établit son
quartier général sur la rive gauche du fleuve, à
côté du camp de Lévis, dont il n'était séparé que
par la petite rivière de Montmorency. Montcalm
allait avoir un adversaire digne de lui dans ce
général de trente-deux ans, qui avait déjà montré
son génie militaire lors du siège de Louisbourg
et dont William Pitt avait reconnu l'immense
valeur. Le ministre anglais avait simplement dit
à Wolfe : « Il faut prendre Québec. » Et ce jeune
homme, malade, épuisé, n'ayant d'autre ambition
que de bien servir la vieille Angleterre, était
parti. D'un coup d'œil, il comprit la situation.
Il vit que la tâche serait rude et que, pour conquérir les formidables retranchements naturels
qui défendaient Québec et ses environs, il faudrait
une habileté surhumaine ou bien un miracle.
L'habileté aidant, le miracle se produisit.

*
* *

Quand les Anglais se furent fortifiés sur la rive droite du Saint-Laurent, ils commencèrent le bombardement de Québec, qu'ils poursuivirent sans relâche. Leur tâche dévastatrice ne s'arrêta point là. Dans les pays de la rive sud, où ils avaient pris pied, des détachements composés surtout de rangers américains, que Wolfe déclarait « les plus mauvais soldats de l'univers », saccageaient, brûlaient, massacraient. Dignes émules des sauvages, ils levaient des chevelures avec une joie féroce et multipliaient les atrocités. Wolfe ressentit le même écœurement que Bougainville avait éprouvé à la vue de semblables procédés de guerre. « L'Anglais, avait dit Wolfe, dédaigne cette méthode sauvage. La religion lui prêche l'humanité et son cœur en suit avec plaisir les préceptes. » Le général anglais avait dû convenir cependant que les douceurs du christianisme ne fleurissaient point dans la guerre coloniale et, dans un ordre du jour moins optimiste, il avait interdit « la pratique barbare de lever la chevelure, excepté quand l'ennemi est un Indien ou un Canadien habillé en sauvage ». Il faut dire que ces prescriptions philanthropiques ne furent guère observées et qu'un lieutenant de Wolfe, le général Townshend, écrivait à sa femme, en lui exprimant son dégoût des spectacles quotidiens qu'il lui fallait subir : « Je n'ai jamais servi dans une campagne aussi peu satisfaisante que celle-ci. L'inégalité de nos forces a réduit nos opérations à des épisodes d'escarmouches, de massacres et de ruines. C'est la guerre sous la pire forme. »

Wolfe, voulant hâter la fin des opérations, avait résolu de frapper un grand coup. Il avait fait transporter de la rive droite du fleuve trois bataillons de ligne et les grenadiers de Louisbourg ; puis il avait tenté, aidé par le bombardement de la flotte, une attaque contre le camp de Lévis. Celui-ci devait être pris sous le double feu des soldats débarqués à la rivière de Montmorency et des troupes du camp à gauche de la rivière. Mais le premier lieutenant de Montcalm faisait bonne garde et, avant même que les troupes du camp anglais où commandaient les généraux Townshend et Murray fussent entrées en action, les bataillons débarqués avaient été repoussés par les Français et les Canadiens. Un orage épouvantable ayant éclaté, Wolfe donna le signal de la retraite. La victoire de Montmorency avait coûté aux Anglais quatre cent trente-trois hommes et aux Français soixante-dix. Elle avait fait renaître l'espoir dans toute la colonie et avait été un des derniers lambeaux d'azur que le peuple de la Nouvelle-France devait contempler dans le ciel des batailles.

La flotte anglaise, commandée par l'amiral

Sir Charles Saunders, comptait vingt-deux vaisseaux de ligne, formidablement armés, et cinq frégates. Le but de l'amiral anglais était de s'engager le plus loin possible sur le Saint-Laurent et de faire passer ses vaisseaux en amont de Québec, afin de couper les approvisionnements français qui se trouvaient dans des dépôts et magasins à dix-huit lieues en amont de la ville. La plupart des vaisseaux anglais se tinrent d'abord non loin du camp de Montmorency et de Beauport, où l'armée française s'était fortifiée. Puis, des sondages furent faits en vue de préparer la montée des vaisseaux. Bougainville ne se doutait guère que, sur un des canots anglais de sondage qu'il voyait glisser le soir sur les eaux du Saint-Laurent, avait pris place un maître d'équipage dont le nom était James Cook et qui allait, comme lui, étonner le monde par ses exploits et son génie de navigateur...

Une partie de la flotte de l'amiral Saunders réussit à passer devant Québec sans être inquiétée. Bien que le Saint-Laurent n'eût pas à cet endroit plus d'un quart de lieue de large, les vaisseaux ne furent pas atteints. Les canons de la garnison de Québec avaient beau tirer. Le tir, mal dirigé, était inefficace. Cette avance des navires anglais constituait une grave menace. Il fallait protéger toute la côte en amont de la ville jusqu'à la rivière Jacques-Cartier pour empêcher un débarquement ou des opérations de l'ennemi.

Le 5 août, Bougainville fut détaché pour garder cette longue ligne du fleuve. Le marquis de Vaudreuil avait pris en personne le commandement du camp de Bougainville, qui allait avoir devant lui la tâche la plus ingrate et la plus difficile. Avec les renforts successifs qu'on lui envoya, il disposait de cinq cent trente hommes disséminés sur la côte et d'un corps volant de mille cent grenadiers et volontaires des bataillons de France qui devait se porter au secours des postes menacés. Il avait trouvé, en arrivant, de petites garnisons se montant à cinq cent soixante-dix hommes en tout, qui occupaient les villages côtiers de Saint-Augustin, de la Pointe-aux-Trembles et de Jacques-Cartier. Il était en alerte constante, suivant sans arrêt la marche des vaisseaux ennemis. Trois jours après son arrivée, les Anglais débarquèrent mille cinq cents hommes à la Pointe-aux-Trembles. Avec trois cents soldats et cavaliers, Bougainville les repoussa en leur infligeant une perte de trois cents tués et blessés.

Et ce fut un va-et-vient incessant le long de la rive du fleuve. Certains jours, Bougainville faisait jusqu'à quatorze lieues, et, brisé de fatigue, il s'étendait tout habillé sur un lit de camp, l'oreille tendue aux moindres bruits. Il savait l'immense responsabilité qui lui incombait. Le marquis de Vaudreuil lui avait écrit : « Je n'ai pas besoin de vous dire, Monsieur, que le salut de la colonie est entre vos mains, que certainement le projet des ennemis est de nous couper la communication en faisant des débarquements au nord ; il n'y a que la vigilance qui puisse y parer. »

Bougainville envoyait de nombreux billets à Montcalm, au gouverneur et à ses camarades. Il leur communiquait ses impressions ou leur demandait des avis. Sa verve épistolaire s'épanchait même à l'endroit des Anglais, dans le camp desquels il avait de nombreux amis. Une correspondance suivie s'échangeait entre lui et le capitaint Abercromby, avec qui il avait fait et perdu un pari de vin de Champagne au sujet de la prise de Louisbourg. Abercromby, ayant l'an passé fait parvenir à Bougainville un panier de bière de Bristol, ce dernier l'avait remercié par l'envoi d'un panier de vin de France. « Il est nécessaire et bon exemple à donner à ce pays barbare, notait Bougainville dans son journal, non seulement de l'humanité, mais de la politesse entre ennemis qui se font la guerre. »

Abercromby aimait le badinage et dans ses lettres priait Bougainville de l'introduire à « quelque jolie brunette canadienne ». Le jeune guerrier britannique, parmi les fureurs des combats, rêvait galamment au sourire des filles de la Nouvelle-France, et cela n'était point pour déplaire au charmant Parisien, exilé sur les rives du Saint-Laurent.

Bougainville entretenait aussi de cordiales relations avec le général Townshend, dont il avait connu la famille pendant son séjour diplomatique à Londres. Le général lui écrivait : « Je serai toujours charmé d'entretenir le souvenir gracieux que vous paraissez conserver de ma famille. »

Ces échanges de courtoisie, qui n'étaient pas le seul fait de Bougainville et de ses amis anglais, mais qui avaient lieu fréquemment entre les deux camps ennemis, tempéraient un peu l'inévitable cruauté des combats. La civilisation aimait de temps à autre couvrir de son voile la barbarie de la guerre.

*
* *

Le mois d'août passa, septembre vint. Québec était en ruines. Le fort de Niagara était tombé. Les vivres commençaient à devenir rares. Par centaines, les soldats canadiens désertaient pour aller à leurs champs. Vaudreuil et Montcalm ranimaient les courages. Wolfe de son côté se prenait à désespérer de jamais pouvoir atteindre le but que Pitt lui avait assigné. Sa santé déclinait. Il ne se soutenait que par sa volonté de fer. Il écrivait au ministre anglais : « Ma constitution est entièrement ruinée, sans la consolation d'avoir rendu aucun service considérable à l'État et sans la perspective d'en rendre. » Bougainville continuait sa surveillance ininterrompue et veillait à ce que les bateaux français qui transportaient les vivres, sous

le couvert de la nuit, pussent descendre le fleuve
jusqu'à Québec sans être inquiétés par l'escadre
anglaise. C'était une tâche exténuante, énervante,
dont il s'acquittait avec une habileté et une conscience parfaites.

Comme Wolfe ne réussissait pas à prendre pied
sur la côte nord du fleuve, la confiance revint dans
l'armée française qui espérait le départ des forces
anglaises. Bougainville croyait à une prochaine
retraite de l'ennemi et Montcalm préparait ses
plans d'hivernage. Wolfe, devant la démoralisation et le mauvais état de·santé de son armée, avait
songé à repartir, en effet. La campagne avait été
nulle. Québec était détruite, les pays de la rive
droite du fleuve étaient dévastés, mais l'armée
française était intacte. L'opération qu'il avait ten-
tée à Montmorency avait été désastreuse. Que
dirait l'Angleterre d'un tel insuccès ? Il ne voulait
pas rentrer dans sa patrie la tête basse. Il fallait
essayer quelque chose de formidable, de fou,
d'insensé, quelque chose qu'un stratège prudent
eût condamné comme irréalisable, mais que l'audace britannique pouvait tenter et réussir peut-
être. Avec l'assentiment de ses généraux, il pro-
jeta de descendre quatre mille cinq cents hommes
à l'anse de Foulon, une petite baie dominée par
le haut plateau d'Abraham et qui se trouvait à un
mille en amont de Québec, sur la côte confiée à la
surveillance de Bougainville. Un poste de cinquante
hommes à peine défendait cette anse sous le com-

mandement de Vergor, un des plus mauvais officiers de l'armée. L'entreprise paraissait d'avance
vouée à l'insuccès, car un semblable débarquement ne pouvait manquer d'alerter les postes, et
Bougainville, avec son corps volant et les troupes
des différentes garnisons, n'éprouverait pas la
moindre difficulté à repousser l'assaillant. Et
cependant, un hasard inouï assura la réussite
complète de l'opération. Le matin du 12 septembre, le munitionnaire Cadet avait prié Bougainville de faire partir dans la nuit du 12 au
13 septembre un convoi de bateaux chargés de
farines. Les postes de la côte avaient été prévenus
et avaient reçu la consigne de laisser passer le
convoi. La fatalité voulut que l'envoi de farines
fût ajourné sans communication du contre-ordre
aux détachements intéressés et que deux déser-
teurs de ces mêmes détachements allassent porter
à Wolfe la nouvelle qu'ils croyaient exacte de la
descente du convoi.

La nuit était noire. Bougainville se trouvait au
Cap Rouge, situé à trois lieues en amont de Québec. Il apercevait dans l'ombre des vaisseaux de
guerre et des barges qui remontaient le fleuve.
Bientôt, il ne vit plus qu'un grand bâtiment qui
restait menaçant devant le Cap Rouge. Bougainville demeura là, inquiet et perplexe. Depuis
plusieurs jours, les Anglais faisaient des démonstrations déconcertantes. Leurs embarcations cir-
culaient en tous sens sur le fleuve. Le 7 sep-

tembre, Montcalm avait écrit au jeune colonel :
« Il est certain que la conduite des ennemis est
aussi embarrassante qu'équivoque. » Personne,
pourtant, ne croyait à une descente aux portes de
Québec. Montcalm et Vaudreuil avaient maintes
fois prévenu Bougainville de rester toujours en
amont : « Persuadez-vous bien, répétaient-ils, qu'il
ne peut survenir de débarquement sérieux qu'à
Saint-Augustin ou à la Pointe-aux-Trembles, à
quatre ou sept lieues de Québec. » Et, fort de ces
instructions, parfaitement raisonnables, Bougainville continua de surveiller le navire ennemi,
puissant, mystérieux...

Les barges anglaises avaient fait demi-tour et,
vers deux heures du matin, elles s'étaient laissées
dériver dans la direction de Québec. Hélés par les
fonctionnaires, à la hauteur des villages de Samos
et de Sillery, les Anglais répondirent : « France »,
et un capitaine écossais qui parlait fort bien le
français dit à mi-voix : « Convoi de vivres ; ne
faites pas de bruit, les Anglais nous entendraient. »
Les sentinelles laissèrent passer. Le courant très
rapide entraîna la flottille un peu au delà de l'anse
de Foulon. Ce fut un accident heureux pour les
Anglais, car aucun factionnaire n'était là pour
donner l'alerte. En silence, quelques grenadiers
débarquèrent et gravirent le sentier escarpé qui
menait en haut de la falaise, où se trouvait le
poste français établi par Bougainville à l'anse de
Foulon. Vergor, le commandant du poste, dormait

paisiblement dans son lit. Quelques Canadiens alertés firent feu, puis s'enfuirent précipitamment vers le Cap Rouge. Vergor fut blessé et fait prisonnier. Pendant ce temps, le débarquement continuait sans arrêt. A cinq heures du matin, plusieurs centaines de soldats britanniques avaient pris pied sur le plateau d'Abraham. Minute par minute, leur nombre grossissait et bientôt, les quatre mille cinq cents hommes de Wolfe étaient disposés en ligne, prêts à affronter les cinq mille hommes de Montcalm. A neuf heures du matin seulement, Bougainville apprit la nouvelle de l'envahissement.

Le cœur brisé, il réunit en hâte toutes ses troupes disponibles et se dirigea vers le plateau d'Abraham. Il était près de midi quand il y arriva. Il était trop tard. Un spectacle d'affreuse détresse s'offrait à ses yeux. L'armée française qui, malgré la surprise, était venue vers dix heures au devant de l'ennemi pour engager le combat, était en pleine déroute et fuyait devant les Anglais victorieux. Bougainville ne réussit qu'à protéger la retraite.

Il apprenait que le général Wolfe, consolé par sa victoire, avait expiré sur le champ de bataille, et que Montcalm, mortellement blessé, avait répondu au chirurgien qui lui annonçait qu'il n'avait plus que vingt-quatre heures à vivre : « Tant mieux, je ne verrai pas les Anglais dans Québec. » Le lendemain, quand lui fut annoncée la nouvelle de la mort du héros qu'il aimait comme un père, Bougainville s'écria : « Mon cœur est déchiré par tous ses endroits sensibles. » Puis, l'âme noyée de tristesse, il écrivit, suprême hommage à celui qui avait été son chef et son ami : « M. le marquis de Montcalm avait fait une campagne digne de M. Turenne et sa mort fait nos malheurs. »

CHAPITRE X

L'héroïque défaite

Le commandement des armées françaises et canadiennes allait passer aux mains du chevalier de Lévis. Celui-ci n'avait pas pris part à la funeste bataille du plateau d'Abraham. Quand, dans les premiers jours d'août, Montcalm avait appris la défaite des contingents français dans les pays d'en haut et la prise du fort Niagara, il avait, d'accord avec Vaudreuil, chargé Lévis d'endiguer l'avance des ennemis contre les postes du Saint-Laurent supérieur et contre Montréal. La mort de Montcalm faisait de lui le général en chef et personne mieux que lui n'était digne de succéder au grand vaincu. Calme, impassible, Lévis était doué d'un génie militaire surprenant, qui avait, maintes fois, fait l'admiration de Montcalm. Son incroyable énergie, la justesse et la promptitude de ses décisions, son esprit tenace et pratique faisaient de lui un stratège de premier ordre en même temps qu'un incomparable entraîneur d'hommes.

Lévis était à Montréal quand il apprit le désastre subi par l'armée française et la panique insensée qui avait suivi la déroute. Vaudreuil avait fait retraiter les troupes jusqu'à la rivière Jacques-Cartier. Le camp de Beauport, qui avait été le quartier général de Montcalm, avait été abandonné dans un lamentable désordre ; la garnison de Québec était dans un état de démoralisation inouïe et son commandant, M. de Ramezai, déclarait que devant la famine, la ruine, les désertions, il n'y avait d'autre parti à prendre que de capituler. Voilà quelle était la situation lorsque Lévis parut à Jacques-Cartier où le trop faible et trop hésitant Vaudreuil venait d'établir son quartier général. Son premier mot fut celui d'un chef : « On n'abandonne pas, dit-il, dix lieues de pays pour une bataille perdue. »

L'arrivée de Lévis dissipa le découragement et ranima les énergies défaillantes. Le magnétisme du nouveau général s'était communiqué aux troupes comme aux officiers. « En avant, s'était écrié Lévis. Il s'agit bien de fuir lorsque Québec est menacé. Marchons tous au secours de Québec. »

Bougainville avait reçu les ordres de Lévis avec un immense soulagement. Il avait vaillamment protégé la retraite des Français, mais il lui en coûtait de fuir, et, le cœur débordant d'espoir, précédant l'armée que Lévis avait reconstituée, il se lança vers Québec, avec un corps d'élite.

Il était à peine à trois quarts de lieue de la place ; il rêvait à la furie avec laquelle il allait charger l'ennemi et il frémissait en songeant qu'il allait bientôt, au nom de la France, venger la mort de Montcalm, quand tout à coup il apprit, l'âme découragée, que Québec épuisée s'était rendue aux Anglais.

*
* *

A chaque fois que la nomination d'un parlementaire s'était imposée au cours des différentes campagnes, pour le règlement de questions délicates et ardues, le gouverneur ou le général s'était toujours adressé à Bougainville. Il en fut de même en la triste occurrence et le jeune colonel dut intervenir plusieurs fois auprès des Anglais, en vue de régler certains points épineux, relatifs à la capitulation. Le général Townshend, qui avait occupé Québec, le 18 septembre, jour même de sa reddition, était l'ami et le correspondant de Bougainville. Il lui avait réservé le meilleur accueil et la courtoisie de ce grand seigneur anglais s'était manifestée maintes fois à l'égard du jeune officier français, dont il aimait la distinction et la bravoure. Townshend fit tout en son pouvoir pour faciliter la tâche de Bougainville. Celui-ci avait à s'occuper des prisonniers de marque pour obtenir, soit leur maintien à l'hôpital, soit l'autorisation pour eux de revenir, neutralisés sur parole, passer l'hiver à Montréal. Il devait aussi s'occuper de l'hôpital même, qui se trouvait dans une extrême pénurie de vivres et de médicaments. La Mère supérieure, dont la conduite avait été admirable pendant tout le siège, considérait Bougainville comme une divinité créatrice, pensant que, par le prestige de sa seule présence, il pouvait lui procurer tout ce dont elle avait besoin. Cette excellente religieuse n'avait jamais pu, à la grande joie de celui-ci, appeler Bougainville par son nom, à qui elle faisait subir les transformations orthographiques les plus inattendues. Tantôt c'était « M. de Boutiensville » et tantôt « M. de Boubienville ».

Bref, grâce à la complaisance réelle de Townshend, la mission de Bougainville eut, dans les sombres circonstances présentes, les résultats les plus heureux et ceux qui étaient restés dans la malheureuse cité en ruines n'eurent qu'à se féliciter des relations amicales qui existaient entre les deux officiers. Ceux-ci faisaient des échanges alimentaires. Bougainville offrait des poulets et Townshend ripostait par du chocolat.

Avant de s'embarquer pour l'Angleterre, où il allait rendre compte des événements glorieux pour la mère patrie, le général anglais écrivit à Bougainville ces lignes où perçaient l'estime et l'amitié qu'il ressentait pour ce dernier : « Malgré les nombreux amis que vous avez en Angleterre, je vous demande de me faire l'honneur d'employer mes services pour vous et vos connaissances. »

L'état-major français s'était retiré à Montréal pour l'hivernage. Le général anglais Murray, avec une main de fer, mais non sans humanité, avait pris les rênes de son nouveau gouvernement de Québec. Lévis, qui ne connaissait pas le désespoir, préparait des plans en vue de la campagne prochaine. Bougainville, exténué, avait dû prendre le lit et Vaudreuil lui avait ordonné de ménager ses forces : « Il est temps de prendre un peu de repos, écrivait le jeune colonel à Mme Hérault. J'ai passé près de quatre-vingts nuits blanches, souffert des fatigues incroyables et des misères d'un genre inconnu en Europe. »

L'hiver fut terrible. Aux misères du froid s'ajoutaient celles de la famine. Les vivres atteignaient des prix exorbitants. Une barrique de vin se vendait 2 500 livres, le pain valait 8 sols la livre, le lard 40. Un chou coûtait une livre et la douzaine d'œufs près de 3 livres. Les officiers, avec leur maigre solde, ne pouvaient se nourrir qu'à grand'-peine. Certains d'entre eux, attirés par l'appât du gain, se jetaient dans le tourbillon du jeu. Un vent de détresse soufflait sur Montréal.

*
* *

A la fin du mois de mars 1760, Bougainville fut désigné au commandement de l'île aux Noix. Cette petite île, située à 8 lieues au sud de Montréal, dans la rivière Richelieu et à 2 lieues au nord du lac Champlain, a une longueur de 2 000 mètres et une largeur de 300 à 400. Barrant le passage entre le lac et le Saint-Laurent, elle constituait une position stratégique des plus importantes. Le poste auquel était appelé Bougainville avait été occupé par Bourlamaque pendant tout l'été et l'hiver précédents. Mais celui-ci ayant été promu au second rang de l'armée par la mort de Montcalm, il était normal du point de vue hiérarchique que Bougainville, passant au troisième rang, lui succédât. Il eût certes préféré prendre part aux préparatifs de revanche qu'organisait Lévis, mais, soldat, il obéissait.

Le 28 avril, Lévis remporta, aux postes de Québec, près du village de Sainte-Foy, une éclatante victoire. Il avait répété, en renversant les rôles, les incidents de la bataille d'Abraham. Il avait communiqué à ses troupes un merveilleux élan et avait défait les soldats de Murray, qui étaient rentrés en fuyant dans les murs de Québec. Bougainville avait ressenti une immense déception de n'être pas présent là où on se battait. « Ma foi, écrivit-il à Lévis, vous serez notre père puisque vous nous avez rendu l'honneur. Et ne prissiez-vous point la ville, vous n'en serez pas moins couvert de gloire. Ah! mon général, vous n'avez pas voulu que je fusse avec vous ! J'en ai une douleur mortelle. Mais, dans ce métier, il faut obéir et non choisir... Rien ici de nouveau, nous travaillons, tandis que vous gagnez des batailles. »

La victoire de Lévis, hélas! n'avait pas eu de lendemain. Elle n'était qu'un épisode brillant et une dernière lueur de gloire dans une lutte sans espoir.

*
* *

L'Angleterre et les colonies anglaises d'Amérique avaient décidé de faire un dernier et gigantesque effort pour frapper un coup décisif au Canada. Des frégates battant pavillon britannique traversaient l'océan et amenaient de nouveaux renforts. Le gouvernement de Louis XV, après les maigres secours qu'avait pu lui arracher Bougainville l'année précédente, abandonnait la colonie à son triste sort. Trois armées anglaises envahissaient la Nouvelle-France et avaient comme objectif Montréal, la dernière ville qui restât à conquérir. Le général en chef Amherst s'avançait par le lac Ontario et le général Haviland par le lac Champlain. Quant au général Murray, il se préparait à sortir de Québec pour aller donner la main à ces derniers et enfermer avec eux, dans un cercle de fer, les héroïques débris de l'armée française qui, sans secours et sans espoir, attendaient dans Montréal la lutte suprême.

Le corps du brigadier Haviland apparut le 9 août en vue de l'île aux Noix, que Bougainville avait fortifiée de son mieux. Pendant seize jours,

ce dernier subit sans défaillir un bombardement
infernal, mais il ne restait plus que deux jours de
ration. Vaudreuil lui avait conseillé d'évacuer l'île
sans attendre le dernier moment. Bougainville
réunit un conseil de guerre, où l'unanimité des
officiers déclara que l'évacuation était devenue
nécessaire. Avec une promptitude et une justesse
de mesures remarquables, Bougainville embarqua
ses hommes dans la nuit. Pas un bruit ne fit
soupçonner aux Anglais que l'opération avait
lieu. Après avoir incendié le fort Saint-Jean et
rallié sa garnison, Bougainville se dirigea sur
Montréal. Pendant cette retraite, l'ignorance des
guides avait égaré l'armée qui, après toute une
nuit et une matinée de marche, se retrouva à une
demi-lieue de l'île aux Noix et à deux pas des
avant-postes anglais. Un soldat français eut même
la savoureuse idée qu'il mit à exécution d'aller
dérober aux Britanniques un superbe cheval qu'il
offrit à son commandant, incapable de continuer
la route à pied.

*
* *

Lévis, en voyant qu'après la débâcle des glaces
dans le Saint-Laurent, les frégates qui remontaient
le fleuve n'étaient point des frégates françaises et
sentant que l'irrémédiable abandon de la France
était désormais une certitude, décida de lever le
siège de Québec qu'il avait poursuivi depuis sa
victoire de Sainte-Foy. Qu'allait-il faire ? Avait-il

le droit de faire mourir les milliers d'hommes qui lui restaient ? Plus de vivres, plus de munitions, plus de vêtements ! Les Canadiens languissaient après la paix ! La démoralisation exerçait ses ravages dans les rangs des plus braves. Aucun espoir n'était plus permis. Le cercle de fer de l'ennemi se resserrait. Il n'y avait plus qu'à se rendre, puisque l'honneur était sauf.

La nuit du 6 septembre, le marquis de Vaudreuil avait réuni au château un conseil de guerre composé des principaux officiers. Tous déclarèrent unanimement que vu l'état de l'armée réduite à un effectif de deux mille cent trente-deux soldats presque sans moyens de défense, « l'intérêt de la colonie exigeait que les choses ne fussent pas poussées à la dernière extrémité, et qu'il convenait de préférer une capitulation avantageuse au peuple et honorable aux troupes qu'elle conservait au roi, à une défense opiniâtre qui ne différerait que de deux jours la perte du pays ». Le gouverneur fit lire ensuite un projet de capitulation qui fut adopté à l'unanimité.

Le matin du 7 septembre, Bougainville se rendit, accompagné d'un capitaine, de quatre cavaliers et d'un tambour, aux avant-postes anglais, sous les murs de la ville. Il portait au général en chef des armées britanniques, le général Amherst, l'offre de reddition de la colonie. Celui-ci, qui n'avait pas la grandeur d'âme de Wolfe, ni la

courtoisie de Townshend, refusa les honneurs de
la guerre à l'héroïque armée de Lévis, exigeant
qu'elle ne servît point pendant toute la durée de
la guerre.

Tous les officiers français protestèrent avec indignation contre cette clause humiliante. Lévis,
soutenu par Bougainville, dit qu'il préférait un
dernier combat à la perspective d'une insupportable inaction pendant que la guerre suivrait son
cours en Europe. Bougainville revint au camp
d'Amherst le lendemain, insistant auprès du
général pour qu'il supprimât cette condition.
Celui-ci fut inflexible. Il fallut céder. Lévis brisa
son épée et ordonna aux officiers « de brûler leurs
drapeaux pour se soustraire à la dure condition
de les remettre aux ennemis ».

Le 8 septembre, la capitulation de Montréal
était signée. Malgré de longues années de luttes
sanglantes, malgré la grandeur de tout un peuple
et l'héroïsme des armées, malgré le génie de chefs
immortels, la plus belle des colonies françaises,
abandonnée par la lointaine patrie, tombait à
jamais aux mains de l'Angleterre.

DEUXIÈME PARTIE

SUR LES MERS DU GLOBE

Activités et nouveau projet

Mme Hérault était seule, dans le salon de son hôtel du Faubourg-Saint-Honoré. Une infinie tristesse planait sur les choses et le ciel de décembre diffusait dans la pièce une lueur blafarde, sépulcrale. La vieille dame aux cheveux blancs leva son visage d'une exquise et noble douceur vers le portrait d'un jeune homme qui, dans un cadre d'or, semblait sourire à la vie. Elle contempla longuement l'image délicieuse, où le pinceau d'un maître avait, dans une gamme de couleurs, perpétué l'intensité de jeunesse de son modèle.

Mme Hérault soupira lentement et de son fin mouchoir essuya les larmes qui coulaient sur ses joues. Son cœur de mère se brisait quand elle évoquait ce fils tombé en brave sur les champs de bataille de la dévorante guerre d'Allemagne. Elle le revoyait cet enfant, dans sa première jeunesse, avec son inséparable camarade, Louis-Antoine de Bougainville. Ils étaient tous les deux joyeux, bruyants, un peu fous. Que de cœurs n'avaient-ils pas conquis, que de bêtises n'avaient-ils pas faites ! Qu'importe ! La maman ouvrait toujours les bras à son enfant et à son fils adoptif qu'elle aimait d'un même amour. L'enfant n'était plus. Il avait, comme tant d'autres, donné sa jeune vie à la France. Noble fin, mais combien ces fins-là, affreusement prématurées, font pleurer les mères !

Quand donc bannirait-on du monde ce fléau barbare, cette insulte au Christ : la guerre ? Mais tous ceux en qui battait un cœur loyal devaient subir cette loi de destruction. Le fils adoptif de Mme Hérault, Louis-Antoine de Bougainville, avait lui aussi mis son épée au service du roi. Pendant quatre ans, il avait combattu dans un pays lointain au climat meurtrier, parmi des sauvages odieux. Il avait souffert des misères effroyables et il avait été témoin d'atrocités sans nom. Lui aussi était un brave, mais la Providence l'avait épargné. Il allait venir consoler la pauvre mère dont le cœur saignait. Pour elle, il allait remplacer l'enfant qui n'était plus. A celui-ci, elle donnait toute sa prière et tout son souvenir ; à celui-là, elle donnerait toute sa tendresse...

La porte s'ouvrit. Bougainville entra, svelte, un peu pâle, le visage fatigué, mais les yeux clairs, profonds, affectueux. D'un élan, il se jeta dans les bras de la vieille dame, en s'écriant : « Maman, ma chère maman ! »

*
* *

La flamme mouvante et gaie des candélabres

illuminait maintenant le salon de Mme Hérault.
Une atmosphère nouvelle flottait dans la pièce,
depuis que Bougainville y avait apporté le magnétisme de son éclatante personnalité et la caresse
de son immense affection. Depuis plus de trois
heures, assis à côté de sa « chère maman » qui
l'écoutait avec ferveur, il parlait. Il avait d'abord
su trouver les mots délicats et simples qui partent
du cœur, pour consoler la mère en deuil. Et puis,
il avait évoqué la sanglante agonie de la Nouvelle-
France. Il avait raconté la mort sublime du
marquis de Montcalm et il avait exalté la mémoire
de son chef avec des accents d'une intense émotion.
Il allait prier l'Académie des Belles-Lettres de
Paris de composer une épitaphe pour ce héros
entre les héros, et il allait écrire à William Pitt,
premier ministre d'Angleterre, pour lui demander
la permission de faire graver cette épitaphe sur
la tombe de Montcalm, enterré dans le couvent des
Ursulines de Québec. Il était certain que l'homme
d'État anglais ferait droit à sa requête, car l'Angleterre n'avait jamais refusé son hommage ni son
estime aux grands ennemis qu'elle avait vaincus.
Bougainville exposait maintenant à Mme Hérault
ses projets d'avenir. Puisque la guerre continuait
en Allemagne, il ferait tout en son pouvoir pour
aller se battre. Dans ce but il ferait des démarches
auprès de la cour d'Angleterre pour obtenir sa
liberté, car, d'après les termes de la capitulation de
Montréal, officiers et soldats qui avaient servi au

Canada ne devaient plus porter les armes pendant toute la durée de la guerre. Il lui était insupportable de voir les autres sur les champs de bataille tandis que lui se prélasserait dans les salons de Paris ou de Versailles.

Mme Hérault, en entendant Louis-Antoine exprimer ses intentions belliqueuses, lui dit doucement, en lui montrant le portrait de son fils : « Mon cher enfant, la guerre m'en a pris un. Vous qui avez fait si admirablement votre devoir, reposez-vous, gardez-vous à la tendresse de votre maman. La France a besoin d'hommes comme vous pour la conduire et pour lui éviter à l'avenir ces perpétuelles tueries. » Bougainville embrassa la vieille dame et lui répondit simplement en désignant l'image de son camarade : « Mais il faut bien le venger, lui. »

*
* *

A la cour, on fit fête à Bougainville. Mme de Pompadour et son grand ami, le duc de Choiseul, l'accueillirent avec de vives démonstrations d'amitié. On ne pouvait s'empêcher d'aimer ce jeune officier qui savait sourire à la mort comme il savait sourire aux femmes. On admirait ses manières parfaites de gentilhomme aussi bien que sa lumineuse intelligence. On l'estimait pour sa magnifique activité qui le faisait planer au-dessus des inutiles courtisans, des fastidieux intrigants et des innombrables frelons qui remplissaient la cour de leur insupportable bourdonnement.

Bougainville, pour qui l'inaction était un fléau, avait offert ses services à Versailles. On les avait acceptés sans hésiter. En 1761, il fut question d'un congrès à Augsbourg pour y négocier la paix. On le désigna pour accompagner le duc de Praslin, qui devait y représenter la France. Il eut certes préféré partir avec certains de ses anciens collègues du Canada, tels que Bourlamaque et Désandrouins, qui venaient de s'embarquer pour Malte, menacé par les Turcs, mais il n'avait pu éluder cette nomination diplomatique.

A sa grande déception, le congrès n'eut pas lieu. Sans tarder, il fit les démarches nécessaires en vue d'obtenir de la cour d'Angleterre sa liberté d'action dans le champ militaire. Ce ne fut que l'année suivante qu'il obtint satisfaction. On lui permit de servir en Europe seulement.

Le duc de Choiseul, qui était devenu secrétaire d'État à la guerre et à la marine, l'envoya, au mois de juillet 1762, porter des instructions particulières au maréchal d'Estrées et au maréchal de Soubise qui commandaient une partie des armées françaises en Allemagne. Le 11 juillet, Bougainville arrivait à destination. Il entrait aussitôt à l'état-major du comte de Stainville qui se portait sur Hirschfeld avec plusieurs régiments afin de rétablir ses communications avec le prince de Condé. Bougainville s'initiait au formidable imbroglio qu'était la guerre d'Allemagne. Il brûlait d'assister à un engagement et d'affronter les Anglo-Prussiens. Mais l'ennemi refusa la bataille. Bougainville, impatient de cette stagnation des armées qui menaçait de s'éterniser, résolut de repartir pour Versailles, où il arriva dans les premiers jours d'août et où il rendit compte de la situation.

Il obtint en récompense, et en souvenir de sa mission à l'armée d'Allemagne, deux pièces de canon. Il fit installer, plus tard, ce don glorieux, mais encombrant, du gouvernement de la France, dans sa propriété de la Brosse, entre Brie et Melun. Ces canons furent réquisitionnés en 1789 par la garde nationale de Villeneuve-Saint-Georges.

Les désastres pour la France s'ajoutaient aux désastres. L'étoile de l'Angleterre brillait au zénith du firmament maritime et colonial. Aucune escadre française ne pouvait plus sortir des ports de l'océan sans trouver devant elle la formidable puissance de la flotte britannique. Dans les ports de l'Inde comme dans les plaines du Canada, le drapeau blanc fleurdelysé ne flottait plus ; les colonies à sucre, la Martinique et la Guadeloupe, étaient tombées au pouvoir de l'Angleterre, et Belle-Isle même voyait les uniformes rouges occuper l'enceinte de son fort ! Bougainville pria le

duc de Choiseul de demander pour lui à l'Angleterre la permission d'aller se battre sur les mers.
Le ministre sollicita et obtint cette faveur du duc
de Bedford, qui représentait l'Angleterre à Paris
pendant les négociations du traité de paix. Liberté
entière, sans restriction, était rendue au jeune et
impatient colonel. Il reçut aussitôt l'ordre d'aller
à Dunkerque prendre le commandement d'un
corps de deux mille hommes destiné à se joindre
à celui qui allait faire voile de Brest, sous le commandement du comte d'Estaing. Il était heureux
et se promettait d'aller bientôt prouver aux Anglais
que, malgré l'inertie de son gouvernement, le sang
de la France avait toujours la même vigueur. Il
irait arracher quelques lambeaux d'îles aux ravis-
seurs britanniques. Si tout était perdu, il tâche-
rait, comme au Canada, de sauver l'honneur. Mais
les négociations de paix se poursuivaient hâtivement. Bougainville allait partir pour Dunkerque
lorsque la paix séparée avec l'Angleterre fut signée
à Fontainebleau, le 3 novembre 1762. Cette paix
fut le préliminaire du traité de Paris, qui fut
signé environ trois mois plus tard, le 10 février 1763.

Bougainville eut une explosion de rage impuis-
sante devant ce traité désastreux, qui, s'il resti-
tuait à la France la Martinique, la Guadeloupe et
Belle-Isle, abandonnait à la Grande-Bretagne l'empire des Indes et l'empire d'Amérique. Il comprit
que ce traité-là, c'était l'acte de naissance de la

puissance mondiale de l'Angleterre. Que pouvait-il
faire, lui, colonel de trente-quatre ans, devant cet
effondrement ? Eh bien! il saurait tenter quelque
chose. Il apporterait quand même sa pierre à la
reconstruction de l'édifice colonial et maritime en
ruines. Au besoin, il en bâtirait un nouveau, si
minime fût-il.

Un soir, il se pencha sur la carte du monde.
De son œil d'aigle, il embrassa toutes les îles
éparses dans les océans. Sur une grande partie
d'entre elles flottait le pavillon anglais. Les mers
du globe étaient sillonnées par les flottes puis-
santes de l'Angleterre, contre lesquelles les marines
des autres nations ne pouvaient offrir qu'une
résistance illusoire. Alors, Bougainville entrevit,
dans une vision d'Apocalypse, l'Angleterre maîtresse de l'univers, la vieille France sous la griffe
meurtrière du lion britannique. Il ne fallait pas
cela. Que restait-il pour que l'Angleterre pût réaliser ce projet de monarchie universelle que l'on
avait faussement imputé à Louis XIV ? Peu de
chose, en somme. Elle n'avait plus qu'à désirer
les établissements des mers du Sud, inépuisable
réservoir d'argent!

L'amiral Anson, qui venait de mourir l'année
précédente et qui commandait en chef les flottes
de la Grande-Bretagne, avait conseillé à sa nation
de s'établir aux îles Malouines, situées au sud de
l'Atlantiqne et à l'est du détroit de Magellan. La
position de ces îles en faisait la clé de la mer du

Sud, si pleine de richesses et de trésors inexplorés. Bougainville connaissait trop l'esprit pratique et conquérant des Anglo-Saxons pour savoir qu'ils mettraient bien vite à profit les conseils de leur grand amiral. « Qu'avaient à faire autre chose les Anglais, écrivit-il dans son journal, dans l'intervalle d'une paix telle quelle, que de s'emparer d'un entrepôt qui les mît dans le cas, au premier mouvement de guerre, d'être les arbitres de l'Europe ? » Il fallait les devancer. Il irait trouver le roi et lui demanderait l'autorisation d'aller planter le drapeau de la France sur les îles Malouines.

Il s'ouvrit à Louis XV de son projet, dont le roi écouta l'exposition avec le plus vif intérêt. Mais les caisses publiques étaient vides. « Qu'importe, s'écria Bougainville, je tenterai l'expédition avec mes propres moyens. » Il eut tôt fait d'obtenir l'autorisation royale, ainsi que le droit d'échanger son grade de colonel contre le brevet de capitaine de vaisseau. Quant à l'argent, Bougainville, homme de ressources, était de ceux qui savent, par leur foi et leur enthousiasme, l'extirper du fond des bourses sympathiques. Il alla trouver le bon oncle d'Arboulin, administrateur général des postes de France, à qui chaque visite de son neveu forçait à jeter un regard douloureux vers le coffre où il serrait son or. Cette fois, quand Louis-Antoine lui eut exposé son plan, M. d'Arboulin eut un large sourire et il permit à son neveu de puiser à volonté dans son pactole. Il en fut de même pour un généreux cousin de Bougainville, M. de Nerville. Celui-ci ouvrit son vaste crédit à son parent. Bien lesté des dons précieux de sa famille, auxquels il avait ajouté toutes ses ressources personnelles, Bougainville s'en fut à Saint-Malo. Dans ce port pittoresque, où Vauban laissait sa grande empreinte, Bougainville alla voir quelques armateurs avec qui il avait été en rapports lors de ses différents voyages au Canada. Il aimait cette race de commerçants qui de tout temps avait lancé les entreprises les plus hardies. Il savait que, sur les bâtiments qu'ils avaient frétés autrefois, s'étaient formés les Duguay-Trouin et les Jean Bart; il savait que, de ce vieux port, étaient partis les intrépides pionniers des premières colonies et que, sous le ciel doux de ce coin de Bretagne, avaient battu les grands cœurs des héros de la mer.

Bougainville n'eut pas plus tôt exprimé son idée de lointaine conquête qu'un armateur de Saint-Malo, M. Duclos-Guyot, se déclara prêt à tout faire pour l'aider. Sur les instructions du futur navigateur, Duclos-Guyot construisit et arma une frégate de vingt canons, l'*Aigle*, et une corvette de douze canons, le *Sphinx*. L'armateur offrit même à Bougainville, qui accepta sa proposition avec enthousiasme, de commander en second la frégate, à laquelle seraient versés cent hommes d'équipage. M. Chénard de la Giraudais commanderait la corvette, qui devait comprendre quarante hommes d'équipage. Au mois d'août, les vaisseaux furent baptisés à Saint-Servan, avec le cérémonial accoutumé. Pendant la messe, deux salves furent tirées, une pour Dieu et une pour le roi. Au début de septembre, hommes et provisions étaient embarqués... Et le projet entrevu quelques mois auparavant se réalisa.

Le 15 septembre 1763, Bougainville, avide d'inconnu, déjà grisé par la poésie de la mer, s'éloignait de Saint-Malo avec ses deux navires.

L'officier des armées royales s'estompait dans le passé ; le marin commençait de naître.

CHAPITRE II

Les îles Malouines

Outre un état-major très distingué qui comprenait, entre autres, MM. Étienne de Belcourt, capitaine d'infanterie; Denys de Saint-Simon, officier d'origine canadienne, et A. L'Huillier, ingénieur-géographe des camps et des armées, Bougainville emmenait avec lui son cousin M. de Nerville, qui avait aidé à financer l'expédition, et Dom Antoine-Joseph Pernetty, Bénédictin de la Congrégation de Saint-Maur, qui devait remplir les fonctions d'aumônier. Ce docte religieux ne bornait pas ses activités à la théologie. C'était aussi un éminent naturaliste et un observateur savoureux.

Puisque, pour coloniser, il faut des colons, Bougainville avait à cet effet embarqué sur ses vaisseaux une vingtaine d'hommes et trois familles acadiennes. Ces familles étaient établies à Saint-Servan et à Saint-Malo depuis que, par le traité de Paris, l'Acadie, devenue la Nouvelle-Écosse, était définitivement passée aux Anglais, qui en avaient expulsé presque tous les habitants restés fidèles à la France. Louis XV octroyait aux Acadiens réfugiés en Bretagne une maigre allocation qui les empêchait de mourir de faim. Bougainville avait donc été bien accueilli par ceux-ci, lorsqu'il leur avait proposé de les prendre à son bord et de les transporter dans un pays où il leur donnerait des terres en propriété et mille autres avantages qu'ils ne pouvaient espérer en France. Il leur avait fait, au nom du roi, des avances en effets et en argent.

L'une de ces familles acadiennes, composée du père, de la mère et d'un petit garçon, ne goûta pas longtemps les charmes du voyage. Le père, à qui on avait demandé de prêter la main à la manœuvre du vaisseau qui le portait, refusa énergiquement de rendre le moindre service, disant qu'il s'était embarqué comme passager et non comme marin et qu'il eût préféré être resté en France que de subir de pareilles vexations. Devant cette superbe, Bougainville n'hésita pas un instant. « Puisque la misère vous plaît, dit-il à l'irascible Acadien, allez vivre en misérable. » Et il le fit débarquer à Saint-Cast, tout près de Saint-Malo, avec ses maigres bagages, son fils et sa femme dont l'humeur acariâtre s'alliait à merveille au caractère fougueux de son époux. Malgré cette séparation sans aménité, Bougainville, toujours généreux, laissa à ce couple redoutable les avances d'argent qu'il lui avait faites.

Les deux autres familles acadiennes étaient infi-

niment plus sociables. La première comprenait le
père, la mère, deux enfants en bas âge et deux
sœurs de la mère, l'une âgée de vingt ans et
l'autre de dix-neuf ; la seconde était composée du
mari, de la femme, d'un petit garçon de quatre
ans et de la sœur de la femme, âgée de seize ans.

*
* *

Le 29 novembre, après un voyage qui n'eut
d'autre incident que le rituel et bizarre baptême
de l'Équateur, au passage de la ligne, l'*Aigle*
fit relâche à l'île portugaise de Sainte-Catherine
sur la côte du Brésil. Bougainville voulait faire
provision d'eau potable et de bois. Il fut avec son
état-major fort aimablement reçu par le gouverneur de l'île, qui offrit aux Français un dîner
cordial, mais détestable. Seul, le porto versa aux
estomacs un peu de réconfort et de douceur. A ce
repas assistait un moine franciscain, à qui Dom
Pernetty s'empressa d'adresser la parole en latin,
langue universelle des hommes d'Église. Le religieux portugais, dont la piété suppléait sans
doute à la science, resta insensible et muet devant
l'éloquence latine de son confrère. Comme il
ignorait tout de la langue de Virgile, il s'esquiva
modestement dès la fin du dîner, en vue de se
soustraire aux attaques philologiques du savant
Bénédictin.

Bougainville rendit la politesse au gouverneur

et offrit sur l'*Aigle* une grandiose réception aux autorités portugaises. Le navire avait été pavoisé et une tente avait été dressée sur le gaillard d'arrière. Dom Pernetty célébra la messe, puis l'on servit un festin somptueux où les sujets du roi de Portugal purent se plonger dans les délices gastronomiques de la cuisine et des vins de France.

Durant les quinze jours que dura la relâche de l'*Aigle* à Sainte-Catherine, Bougainville et son état-major firent plusieurs excursions dans l'île et sur la côte proche du Brésil. L'île Sainte-Catherine était couverte d'une vaste forêt, peuplée d'oiseaux merveilleux et de perroquets multicolores et jacasseurs. Malheureusement la gent ailée n'était pas la seule à goûter les vertes douceurs de la forêt. Ce ne fut pas vers le ciel que les regards des voyageurs eurent le plus souvent à se porter. L'île était infestée de serpents, qui surgissaient de tous côtés et dont les sifflements formaient un sinistre accord au chant des oiseaux. Parfois le rugissement d'un tigre résonnait dans la forêt, où l'on voyait aussi les corps velus des grands singes qui se disloquaient en mille acrobaties.

Bougainville et ses compagnons purent admirer les immenses yeux noirs des Portugaises, qu'ils rencontrèrent à un bal offert par le gouverneur et où ils dansèrent jusqu'à trois heures du matin. Ils purent également faire quelques observations sur les indigènes du Brésil, aimables, hospita-

liers, pacifiques, de vertu peu farouche, dévoués
à leurs amis, mais trouvant à leurs ennemis des
qualités comestibles.

Après un échange de cadeaux d'un genre diffé-
rent, ceux de Bougainville consistant en éventails
et en tabatières, et ceux des Portugais en animaux
domestiques, en oiseaux et en un tigre apprivoisé,
l'*Aigle* quitta, le 14 décembre, les rives accueil-
lantes de Sainte-Catherine et fit voile vers Montevideo, où il aborda le 26 du même mois. Au cours
du voyage, il avait fallu étrangler le tigre, dont
les bruyantes insomnies troublaient la sérénité des
nuits et dont la voracité effrayait les cuisiniers
du bord.

Les premiers rapports entre Bougainville et le
gouverneur espagnol furent aigres-doux. Ce dernier fit savoir au commandant français qu'il n'était
pas disposé à rendre tous les services qu'on espérait de lui. « Monsieur, lui répliqua Bougainville,
il est bien dur pour des Français de trouver chez
les Espagnols, leurs amis, des difficultés qu'ils n'ont
pas trouvées chez les Portugais avec qui ils étaient
en guerre il y a deux jours ; je vais mettre à la
voile et j'en donnerais avis au Roi, mon Maître. »
Mais tout s'arrangea. Des échanges eurent lieu
entre Français et Espagnols. Le gouverneur reçut
à dîner Bougainville et son état-major. La cuisine
était atroce et le vin pharmaceutique. Les navigateurs offrirent à leur tour du vin de France à leurs
hôtes, qui en apprécièrent abondamment les vivi-

fiantes qualités. Pendant les trois semaines de relâche à Montevideo, Bougainville et ses compagnons eurent le loisir d'étudier les mœurs des Espagnols, dont l'oisiveté semblait être la vertu dominante. Les hommes fumaient des cigares et les femmes pinçaient de la mandoline ou de la guitare, lorsque la sieste ne les occupait point. Une danse, importée par les nègres de la côte de Guinée, était très en faveur à Montevideo. Cette danse, nommée *Calenda*, était infiniment lascive et voluptueuse. Dom Pernetty la contempla suffisamment pour pouvoir la décrire avec minutie et la réprouver avec une sainte indignation. La moralité qui semblait régner dans ce coin de l'Amérique du Sud n'était point excessive. Les jours y coulaient sans pénitence et sans ascétisme.

Le 31 décembre, le *Sphinx*, qui depuis deux mois avait perdu son compagnon de route, vint rejoindre l'*Aigle* dans la baie de Montevideo, que les deux vaisseaux quittèrent quinze jours plus tard, se dirigeant vers le but commun de leur voyage : les îles Malouines.

*
* *

Les îles Malouines, aussi dénommées îles Falkland par les Anglais, avaient été découvertes en 1592 par le navigateur anglais Davis. Drake les avait aperçues et Richard Hawkins, qui en avait approché la côte septentrionale, les avait appelées

«Virginie». L'Anglais Strong les désigna, en 1690, sous le nom de son protecteur, lord Falkland, et, au commencement du dix-huitième siècle, des pêcheurs de Saint-Malo, qui fréquentaient leurs parages, les baptisèrent « îles Malouines ». Situées à environ quatre-vingt-cinq lieues à l'est du détroit de Magellan, elles étaient très peu connues avant la première arrivée de Bougainville, le 3 février 1764.

Les vaisseaux mouillèrent dans une baie admirable. Bougainville commença aussitôt l'exploration de la partie de l'île où il avait abordé. Le premier aspect n'était pas encourageant : « Un horizon terminé par des montagnes pelées, écrivit-il ; des terrains entrecoupés par la mer et dont elle semble se disputer l'empire ; des campagnes inanimées faute d'habitants, point de bois capables de rassurer ceux qui se destinaient à être les premiers colons ; un vaste silence, quelquefois interrompu par les cris des monstres marins ; partout une triste uniformité. »

Une angoisse nostalgique serra le cœur des Français aux premières heures de contact avec cette terre lointaine, perdue dans l'océan. Toute colonisation y semblait d'abord impossible. Mais peu à peu, l'espoir revint. On découvrit « des cascades et des ruisseaux ; des prairies couvertes de gras pâturages, faits pour alimenter des troupeaux nombreux, des lacs et des étangs pour les abreuver, une quantité innombrable d'amphibies des

plus utiles, d'oiseaux et de poissons du meilleur
goût ; une matière combustible pour suppléer au
défaut du bois ; des plantes reconnues spécifiques
aux maladies des navigateurs »...

On n'aurait pas fait en vain ce long voyage.

Avant de déterminer l'emplacement de la nouvelle colonie, Bougainville étendit, avec ses compagnons, le champ de ses explorations. La partie
de l'île qui avoisinait la baie où les Français
avaient débarqué était couverte d'une espèce de
foin dont les tiges avaient un pied et demi de
hauteur. Les voyageurs s'y aventurèrent avec prudence et le vénérable Dom Pernetty, dépouillant
pour la circonstance la douceur de son caractère
sacerdotal, fixa la baïonnette au bout de son fusil,
pour terrasser les bêtes féroces qui oseraient s'attaquer à lui. Cet appareil guerrier fut heureusement inutile. Aucune bête féroce ne troublait le
repos de l'île. D'innocents pingouins qui ressem-
blaient à des « enfants de chœur en camail » se
promenaient processionnellement en dodelinant
de la tête et en jetant un regard doux et ironique
sur les nouveaux venus, qui, de loin, leur res-
semblaient... « Les oiseaux, nota Bougainville, se
laissaient prendre à la main, quelques-uns venaient
d'eux-mêmes se poser sur les gens qui étaient
arrêtés ; tant il est vrai que l'homme ne porte
point empreint un caractère de férocité qui fasse
reconnaître en lui, par le seul instinct, aux animaux faibles, l'être qui se nourrit de leur sang.

Cette confiance ne leur a pas duré longtemps : ils eurent bientôt appris à se méfier de leur plus cruel ennemi. »

Il y avait des canards de toutes sortes, des outardes à la chair succulente, des roitelets. Sur la plage, des moules en quantité considérable, qui contenaient des perles. La pêche était miraculeuse. Par centaines, les poissons frétillaient dans les filets. Les lions de mer et les loups marins, dont certains avaient seize pieds de long, fournissaient de l'huile en abondance. Aucun reptile venimeux ne se montrait. Le ciel était pur et le climat était doux. La réalité dépassait les prévisions les plus optimistes.

Le 17 mars, Bougainville avait choisi l'endroit où allaient s'élever les cases destinées à abriter les colons. C'était à une lieue du fond de la baie, sur un petit port ne communiquant avec cette baie que par un goulet fort étroit. Sans tarder, les matelots commencèrent la construction des habitations et des hangars aux provisions. L'état-major des deux vaisseaux, y compris Bougainville, se chargea d'élever un fort en terre et en gazon capable de contenir quatorze canons. Après quinze jours de travail incessant « qui commençait avec l'aurore et que la nuit seule interrompait », le fort fut achevé et reçut le nom de fort Saint-Louis. Au milieu de la petite citadelle, on dressa un obélisque d'une hauteur de vingt pieds, au sommet duquel fut posée une fleur de lis sculptée.

Deux médaillons en bois ornaient les côtés du monument : l'un représentait le buste de Louis XV et l'autre les armes de France.

Alors eut lieu la cérémonie de prise en possession. On enterra au pied de l'obélisque quelques pièces de monnaie et une médaille où étaient gravés la date de l'entreprise (février 1764), ainsi que les noms des principaux membres de l'expédition.

En exergue, se trouvaient ces mots : *Conamur Tenues Grandia.*

Ensuite, on dévoila le monument, devant les nouveaux « habitants », les officiers, les soldats et les marins. Dom Pernetty chanta le *Te Deum.* Puis, par sept fois, le cri de « Vive le Roi ! » fut poussé par toutes les poitrines et le tonnerre de vingt et un coups de canon troubla la sérénité de l'air bleu. Bougainville, enfin, montra le brevet du roi, établissant un commandant dans la nouvelle colonie et le remit à son cousin, M. de Nerville, qui fut aussitôt « reçu et reconnu pour tel ».

Le 5 avril 1764, Bougainville prit solennellement possession des îles Malouines au nom du roi et le 8, à bord de l'*Aigle,* il repartit pour la France.

Le 26 juin suivant, heureux et fier du succès de sa première expédition, Bougainville débarquait à Saint-Malo.

Sans perdre un instant, il alla rendre compte de son voyage au roi, qui confirma la prise de possession des îles Malouines. Le gouvernement commençait de s'intéresser à la patriotique initiative de Bougainville et le ministère de la Marine donna des ordres « pour soutenir l'établissement et l'augmenter ».

L'*Aigle* fut armée de nouveau et, le 6 octobre de la même année, la frégate commandée par l'infatigable navigateur et ayant à son bord cent seize hommes, dont cinquante-trois ouvriers ou passagers pour la colonie, faisait voile de nouveau pour les Malouines.

Le 5 janvier 1765, après un voyage sans incidents, le vaisseau arriva au but de l'expédition. On débarqua les habitants nouveaux et les provisions de toute espèce. L'accueil fait par les colons à leurs compatriotes fut enthousiaste. L'aspect des premiers était pour les seconds la preuve la meilleure de l'excellence du climat et de la douceur de la vie coloniale. Les colons, en effet, étaient tous « gros et gras ». La santé et sa sœur, la gaîté, fleurissaient à l'envi sous le ciel des Malouines. L'hiver n'avait point été dur et le gibier avait été abondant. Les génisses et les chevaux amenés de France lors du premier voyage étaient en parfait état. Les graines potagères d'Europe avaient réussi au delà de toute espérance. La prospérité régnait. M. de Nerville, le commandant de la petite colonie, ne regrettait point la vie mondaine de Paris et devenait lyrique en célébrant les charmes de son île. Bougainville rayonnait de joie et d'espoir.

Le seul ennui provenait du manque de bois.

Aussi Bougainville décida-t-il d'aller explorer les rives du détroit de Magellan, afin de remédier à cette lacune. Il mit aussitôt son projet à exécution et se dirigea vers le terrible détroit. En s'y engageant, il aperçut trois navires battant pavillon anglais. Quelques jours plus tard, l'un d'eux s'étant échoué, Bougainville se hâta de lui envoyer deux canots de secours. Cette petite escadre était celle du commodore Byron. Le navigateur anglais venait également des îles Malouines. Il y avait abordé à l'ouest de l'établissement français, dans un port que Bougainville avait nommé port de la Croisade, mais que Byron baptisa port d'Egmont.

Sans hésitation, ce dernier avait pris possession des Malouines pour la couronne d'Angleterre. Cet acte de possession n'était point encombrant, puisque Byron n'avait laissé aucun habitant dans la nouvelle colonie britannique. Cependant, en 1766, les Anglais envoyaient des colons en vue de s'établir au port d'Egmont. Le capitaine anglais qui les amenait « prétendit, écrivit plus tard Bougainville, que ces terres appartenaient au roi de la Grande-Bretagne, menaça de forcer la descente, si l'on s'obstinait à la lui refuser, fit une visite au commandant et remit à la voile le même jour ».

Bougainville s'avançait prudemment dans le détroit de Magellan. Le temps était beau et la mer calme. Les voyageurs découvrirent une petite baie, qui n'avait point de nom sur les cartes et que les matelots dénommèrent « baie de Bougainville ».

Une vaste forêt en couvrait les bords. C'est là que
mouilla le vaisseau. Pendant vingt jours, chacun
se livra à un travail écrasant. On coupa du bois,
on équarrit les plus grosses pièces, on traça dans
la forêt différents chemins pour conduire celles-ci
sur le bord de la mer et on les embarqua, non sans
difficulté. « Nous levâmes aussi et mîmes à bord
avec toutes les précautions que nous pûmes imaginer, nota Bougainville, plus de dix mille plants
d'arbres de différents âges. Il était bien intéres-
sant de tenter des plantations dans nos îles. »

Pendant que ce formidable ouvrage s'accom-
plissait, quelques Patagons, d'aspect timide et
misérable, apparurent. Bougainville alla vers eux
et les invita à venir à bord de l'*Aigle*. Six d'entre
eux acceptèrent. Ancêtres des prohibitionnistes, ils
manifestèrent la plus vive aversion pour le vin
qu'on leur offrit; la graisse eut toute leur dévorante faveur. On les habilla de rouge, puis leur
ayant donné un pavillon français et quelques
ustensiles, on les reconduisit à terre en leur faisant répéter : « Vive le roi de France ! » Leurs cris
bizarres n'avaient qu'un lointain rapport avec
le salut vocal qu'ils étaient censés adresser à
Louis XV ; mais leur bonne volonté était évidente
et Bougainville pensa qu'il était utile de se concilier l'amitié de ces peuples qui étaient les voisins
les plus proches de la nouvelle colonie française.

Bougainville revint aux Malouines le 29 mars,
après avoir, comme il le dit lui-même, « ouvert

une navigation nécessaire au maintien de la colonie ».

Quand il quitta les Malouines, le 27 avril suivant, il pouvait se féliciter de l'œuvre accomplie. Il laissait dans la terre que son initiative avait donnée à la France quatre-vingts personnes, y compris un état-major payé par le roi. Il était convaincu que ces petites îles, si généreusement favorisées par la nature, atteindraient à une magnifique prospérité, grâce à l'énergie intelligente des colons.

Bougainville ne prévoyait pas que, peu de temps après son retour en France, la pusillanimité de Louis XV allait d'un trait de plume faire crouler l'édifice qu'il avait commencé de bâtir pour sa patrie.

CHAPITRE III

L'aube du grand voyage

Bougainville fit à Versailles des rapports enthou-
siastes sur la naissante prospérité de la petite colonie et il n'eut aucune peine à obtenir du roi l'autorisation de renvoyer aux îles Malouines, vers la
fin de 1765, la frégate *l'Aigle* à laquelle était jointe
la flûte *l'Étoile*. Cette fois, Bougainville ne faisait
point partie du voyage. Duclos-Guyot commandait
la frégate et de la Giraudais commandait la flûte.

Les deux vaisseaux débarquèrent aux Malouines
un certain nombre de nouveaux habitants, en
même temps que des vivres et des effets divers,
puis *l'Aigle* et *l'Étoile* cinglèrent ensemble vers le
détroit de Magellan afin d'aller chercher du bois
pour la colonie. L'expédition ne se passa point
sans incidents.

Sur les rives du détroit, vingt-cinq sauvages
attaquèrent plusieurs matelots de *l'Aigle* qui
avaient passé la nuit à terre et qui durent se
défendre avec des haches et des sabres, n'ayant
pas eu le temps de se servir de leurs armes à feu.
Trois des indigènes furent tués et deux des Fran-

çais furent blessés. Les sauvages disparurent après
cette manifestation guerrière.

Quant à *l'Étoile*, elle eut des rapports plus
heureux avec les Patagons, dont Bougainville
avait recommandé qu'on recherchât l'alliance.
M. de la Giraudais et M. Denys de Saint-Simon,
capitaine d'infanterie né au Canada et qui avait
passé une partie de sa vie au milieu des Indiens
d'Amérique, s'employèrent à jeter les bases d'une
amitié durable entre les Patagons et les colons
malouins. Il y eut échange de viande, de pipes et
de tabac. Des hurlements furent poussés, des
chansons furent rugies, des liquides innombrables
furent absorbés. Les sauvages présentèrent aux
Français leurs gracieuses épouses, qui, comme les
Parisiennes futures, s'arrachaient les sourcils. La
jalousie semblait être inconnue aux peuples de ces
lieux, car ils invitaient les marins étrangers à
palper délicatement la gorge de leurs femmes et
de leurs filles. Lorsque toute la gamme de ces courtoisies eut été épuisée, l'alliance fut scellée.

Les vaisseaux revinrent aux Malouines dont les
établissements s'organisaient à merveille. On
venait d'y construire trois magasins et deux goé-
lettes. Une cargaison d'huile et de peaux de loups
marins tannées dans le pays fut confiée à *l'Aigle*
qui la ramena en France. La plus grande partie des
graines apportées d'Europe s'était facilement
acclimatée dans cette atmosphère relativement
tempérée. Les bestiaux se multipliaient. Quant

aux habitants, leur nombre atteignait cent cinquante vers le milieu de l'année 1766. Bougainville se félicitait de plus en plus de l'initiative qu'il avait prise en fondant cette petite colonie qui promettait de si beaux lendemains. Mais dans son bel élan patriotique et généreux, il avait oublié que les nations sont des femmes jalouses et que le roi Louis XV n'avait pas le cœur des preux de Charlemagne pour défendre les droits de la douce France.

*
* *

L'Angleterre avait commencé de revendiquer la possession des Malouines et Louis XV, qui voulait à tout prix éviter une guerre nouvelle, allait selon toute probabilité lui céder les droits de la France sur ces îles, lorsque la voix de l'Espagne se fit entendre nette et impérieuse. Le Roi Très-Catholique réclamait les Malouines comme une partie intégrante de ses possessions de l'Amérique du Sud. Qui sait si Bougainville, voyant cet établissement à jamais perdu pour la France et préférant le voir remis aux Espagnols plutôt qu'aux Anglais, n'avait pas inspiré en partie la réclamation du cabinet de Madrid ?

Bref, des pourparlers furent aussitôt engagés entre la France et l'Espagne. A deux reprises différentes et à intervalles très courts, Bougainville, qui était aussi bon cavalier qu'excellent marin, s'en fut à toute bride de Paris à Madrid et revint de même de Madrid à Paris. L'accord fut rapidement conclu. Le gouvernement de Louis XV reconnaissait les droits de la nation espagnole sur les îles Malouines en stipulant toutefois que « les colons et le fondateur de l'établissement (c'est-à-dire Bougainville) seraient dédommagés des frais qu'ils avaient faits et remboursés de leurs avances ». La somme fixée pour le remboursement se montait à 603000 livres, payables en partie à Paris et en partie à Buenos-Aires. Il était nécessaire qu'une expédition fût formée afin d'aller opérer officiellement la cession des Malouines aux autorités espagnoles.

Un seul homme avait la compétence nécessaire pour commander cette délicate expédition : Bougainville.

Sans hésiter, le duc de Praslin, ministre de la Marine, désigna à cet effet celui qui avait eu l'initiative de cette colonie, laquelle, après avoir fleuri trois ans sous le pavillon de France, allait passer à des mains étrangères. Louis XV ratifia le choix de son ministre et accorda à Bougainville l'autorisation que celui-ci demandait de poursuivre son voyage jusqu'aux Indes Orientales en traversant l'océan Pacifique entre les deux tropiques.

*
* *

Depuis longtemps déjà, la mer exerçait sur Bougainville une irrésistible fascination. Comme

elle était lointaine, l'époque où le jeune aide de
camp de Montcalm, durement ballotté par les
tempêtes de l'Atlantique, vouait à l'exécration
Neptune et ses fureurs ! Bougainville, au cours de
ses deux voyages aux Malouines, s'était senti une
âme de marin. L'immensité des horizons, la magie
incandescente des ciels tropicaux, la majesté silen-
cieuse de certains soirs et l'hallucinante fantasmagorie de certaines nuits, l'orbe fantastique des
soleils rouges, le divin reflet des étoiles, les
caresses des brises ou les hurlements des rafales,
en un mot toute l'infinie diversité dont est faite la
formidable poésie de la mer l'avait enveloppé,
pénétré, grisé. Et puis la mer, c'était pour lui le
champ illimité où pouvait se déployer son infatigable activité et où il pouvait étancher sa soif
d'inconnu toujours ardente. Un rêve avait germé
dans sa bouillonnante cervelle : faire le tour du
monde. Rêve d'aventure et rêve de gloire. Un seul
Français avait accompli cet exploit. C'était un
certain Legentil Labardinais qui était parti en
1714 sur un vaisseau particulier pour aller faire la
contrebande sur les côtes du Chili et du Pérou. De
là, il s'était rendu en Chine, où, après avoir
séjourné plus d'un an dans divers comptoirs, il
s'était embarqué sur un autre bâtiment que celui
qui l'y avait amené et était revenu en Europe. Ce
voyage n'avait aucun caractère national ni même
scientifique. Il importait à l'honneur de la marine
française que le tour du monde fût fait par un

vaisseau de Sa Majesté et par des marins au
service du roi. Une telle randonnée ne pouvait que
profiter à la France. Les mers du Sud avaient été
à peine explorées et on était certain d'y rencontrer
des îles et des archipels où l'on planterait le
drapeau blanc fleurdelysé.

La perspective des multiples périls qu'on ne
manquerait point de rencontrer sur les mers et les
terres inconnues n'était point faite pour effrayer
Bougainville ; tout au contraire. Sa joie fut profonde quand il reçut le brevet du roi le nommant
au commandement de la *Boudeuse*, frégate de
vingt-six canons. On lui adjoignait aussi la flûte
l'Étoile destinée à porter les vivres nécessaires à
cette longue navigation et à venir au secours de
la *Boudeuse* en cas de danger ou de naufrage.

L'Étoile, qui devait partir de Rochefort avec cent
vingt hommes d'équipage et sous le commandement de M. de la Giraudais, avait pour première
mission d'aller rejoindre la frégate aux îles
Malouines.

Les instructions de Bougainville étaient de se
rendre à Nantes où la *Boudeuse* venait d'être cons-
truite, puis de faire voile pour la rivière de la
Plata, dans l'Amérique du Sud. A l'embouchure
de ce fleuve, il trouverait les deux frégates espagnoles, la *Esmeralda* et la *Liebre*, dont le commandant était chargé de recevoir les îles Malouines
au nom du roi d'Espagne. Bougainville accompa-
gnerait aux îles les vaisseaux espagnols, procé-

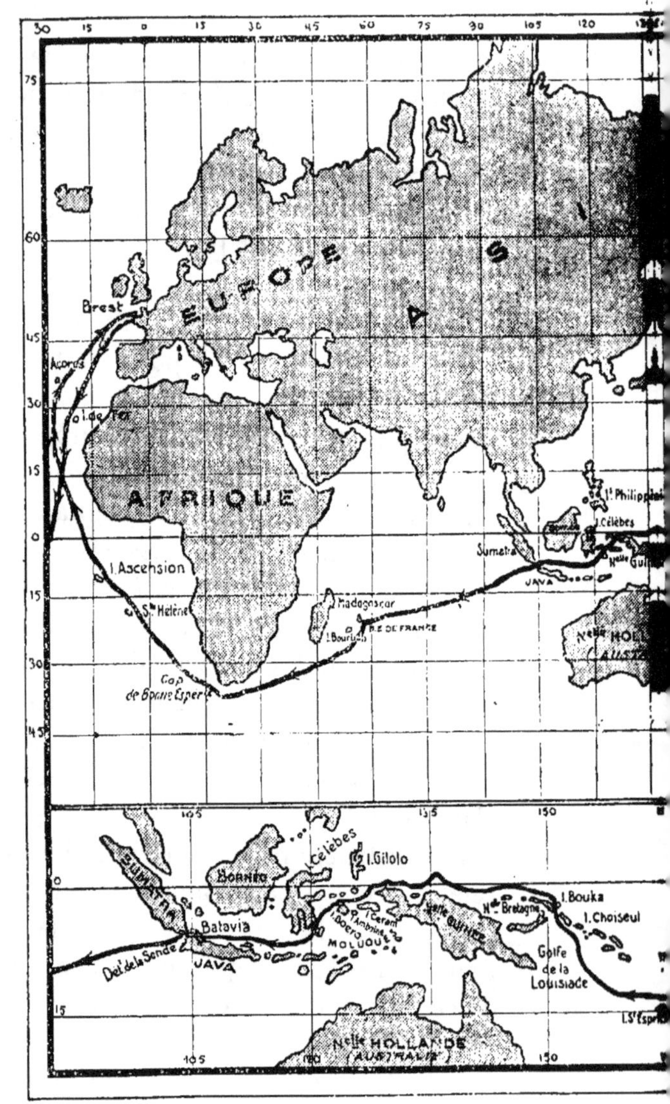

30
15
0
15
30
45
60
75
90
105
120
75
60
45
30
15
0
15
30
45
Brest
Açores
I. de Fer
EUROPE
ASIE
AFRIQUE
I. Ascension
S.te Hélène
Cap de Bonne Espér.
Madagascar
I. Bourbon
I.E DE FRANCE
Sumatra
JAVA
N.lle Guinée
I.s Philippines
I. Célèbes
N.lle HOLLANDE
AUSTRALIE
105
135
150
0
15
SUMATRA
BORNEO
Célèbes
I. Gilolo
Batavia
JAVA
Dét. de la Sonde
I. Céram
Amboine
Bourou
MOLUQUES
N.lle GUINÉE
N.lle Bretagne
I. Bouka
I. Choiseul
Golfe de la Louisiade
I. St Esprit
N.lle HOLLANDE
(AUSTRALIE)
105
120
150

165 180 165 150 135 120 105 90 75 60 45 30
75
60
45
30
AMÉRIQUE
DU
NORD
AN PACIFIQUE
15
ÉQUATEUR
0
AMÉRIQUE
DU SUD
Rio de Janeiro
15
l.de la Harpe
I. TAHITI
Is Fidji
30
N\lle Zélande
Buenos Aires
MONTEVIDEO
45
ILES MALOUINES
Cap Forward
Cap des Vierges
Détroit
Terre de Feu
de Magellan
Cap Horn
60
180
165
150
ATEUR
AN PACIFIQUE
75
Iles des Navigateurs
Iles Pernicieuses
l. de la Harpe
I. TAHITI
150
165
180

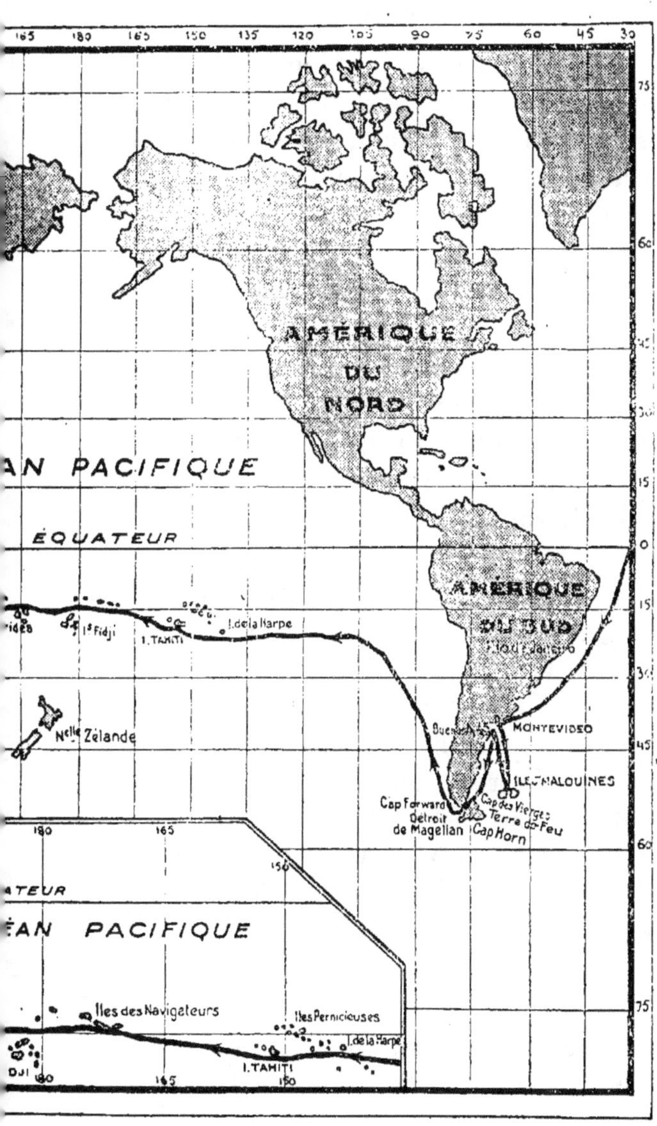

UGAINVILLE.

derait à la cession officielle de la colonie et pourrait ensuite s'enfoncer dans le mystère du Pacifique.

Dans les premiers jours du mois de novembre 1766, Bougainville se rendit à Nantes où il rejoignit son fidèle ami Duclos-Guyot, capitaine de brûlot, qui avait été son second lors de la première expédition aux Malouines et qui allait l'être encore dans le grand voyage qui se préparait. Duclos-Guyot procédait à l'armement de la *Boudeuse*. Pendant ce temps, Bougainville réunissait le brillant état-major qu'il avait choisi et parmi lequel se trouvait le chevalier de la Motte de Bournand, le chevalier d'Oraison, le chevalier du Bouchage, enseignes de vaisseau, et les chevaliers de Susannet et de Kervé, gardes-marine, faisant fonction d'officiers. Un chirurgien-major, Laporte, et un aumônier, le Père Lavaisse, de l'ordre des Cordeliers, allaient également faire partie de l'expédition à laquelle s'étaient joints trois volontaires et un écrivain du roi nommé Saint-Germain, chargé de relater tous les incidents du voyage.

Un passager de marque avait été imposé à Bougainville : c'était le prince Charles-Nicolas-Othon de Nassau-Siegen, prince germanique et sujet français, jeune homme de vingt ans, beau comme un dieu, fin, racé, hautain, audacieux, brave, intrépide et fou. Ce grand seigneur, qui devait être un Don Juan de l'aventure, avait désiré prendre part au voyage pour y cueillir les bizarres sensations de l'imprévu et du danger.

La *Boudeuse* descendit l'estuaire de la Loire et entra dans la rade de Mindin où l'on acheva de l'armer. Enfin, le 15 novembre, ayant à son bord les onze officiers et les trois volontaires qui constituaient l'état-major, plus un équipage de deux cent trois hommes comprenant les officiers mariniers, les matelots, les soldats, les mousses et les domestiques, la frégate, sous le commandement de Bougainville, quitta le port et fit voile vers l'Amérique du Sud. Deux jours plus tard, cependant, un coup de vent violent occasionna à la mâture des dégâts si sérieux que Bougainville prit le sage parti de relâcher à Brest. Les réparations durèrent trois semaines et, enfin, le 5 décembre, toute restaurée, puissante et légère à la fois, la *Boudeuse* s'évada, toutes voiles dehors, de la rade de Brest et cingla gracieusement vers ses glorieux destins.

CHAPITRE IV

La première étape : Montevideo et Buenos=Aires

Après un voyage sans incident remarquable, la *Boudeuse* mouilla, le 31 janvier 1767, dans la baie de Montevideo, située sur la rive gauche du magnifique estuaire du Rio de la Plata ou Rivière d'Argent. Charmant était l'aspect de cette petite ville de la province de l'Uruguay, bâtie en amphithéâtre sur une petite péninsule et dominée par le Cerro, colline de forme conique et baptisée par l'imagination espagnole de Mont-vu-de-loin (Monte-video). Deux frégates se balançaient mollement dans la baie. C'étaient, fidèles au rendez-vous, les deux vaisseaux espagnols destinés à prendre possession des îles Malouines. Leur commandant, Don Philippe Ruis Puente, avait été nommé gouverneur de ces îles. Après un échange aimable de politesses, Bougainville et Don Ruis décidèrent de se rendre à Buenos-Aires où résidait Don Francisco Bucarely, gouverneur général de la province de la Plata. Il était indispensable de se concerter avec ce dernier, qui représentait le roi d'Espagne, en vue des mesures à prendre pour la cession des Malouines.

Bougainville, accompagné du prince de Nassau, remonta le Rio de la Plata dans une goélette et débarqua aux environs de Buenos-Aires. Don Francisco Bucarely réserva au commandant français un accueil des plus courtois. Tous les points délicats de la cession furent réglés sans heurts et sans amertume.

Sa mission accomplie, Bougainville donna libre cours à son insatiable curiosité et observa, comme il avait coutume de le faire, le pays nouveau qui s'offrait à ses yeux. Il nota dans son journal tout ce qui le frappait en un style clair et vivant, ainsi qu'il l'avait déjà fait au Canada et qu'il allait le faire pendant toute la durée du voyage autour du monde :

« Buenos-Aires, régulièrement bâtie, écrivit-il, est beaucoup plus grande qu'elle ne devrait l'être, vu le nombre de ses habitants qui ne passe pas vingt mille, blancs, nègres et métis. La forme des maisons est ce qui lui donne tant d'étendue. Si l'on excepte les couvents, les édifices publics et cinq ou six maisons particulières, toutes les autres sont très basses et n'ont absolument que le rez-de-chaussée... Les habitants de la ville ont presque tous des maisons de campagne qu'ils nomment « quintas », et leurs environs fournissent abondamment toutes les denrées nécessaires à la vie. Ces environs cultivés ne s'étendent pas fort loin ; si l'on s'éloigne seulement à trois lieues de la

ville, on ne trouve plus que des campagnes
immenses, abandonnées à une multitude innombrable de chevaux et de bœufs qui en sont les
seuls habitants. A peine, en parcourant cette
vaste contrée, y rencontre-t-on quelques chaumières éparses, bâties moins pour rendre le pays
habitable que pour constituer aux divers particuliers la propriété du terrain ou plutôt celle des
bestiaux qui le couvrent. Les voyageurs qui le tra-
versent n'ont aucune retraite et sont obligés de
coucher dans les mêmes charrettes qui les trans-
portent et qui sont les seules voitures dont on se
serve ici pour les longues routes. Ceux qui
voyagent à cheval, ce qu'on appelle aller à la
légère, sont le plus souvent exposés à coucher au
bivouac au milieu des champs. Tout le pays est
uni, sans montagnes et sans autres bois que celui
des arbres fruitiers. Situé sous le climat de la
plus heureuse température, il serait un des plus
abondants de l'univers en toutes sortes de productions s'il était cultivé. Le peu de froment et
de maïs qu'on y sème y rapporte beaucoup plus
que nos meilleures terres de France. Malgré ce cri
de la nature, presque tout est inculte, les environs
des habitations comme les terres les plus éloignées ;
ou si le hasard fait rencontrer quelques culti-
vateurs, ce sont des nègres esclaves. Au reste, les
chevaux et les bestiaux sont en si grande abondance dans ces campagnes que ceux qui piquent
les bœufs attelés aux charrettes sont à cheval, et

que les habitants ou les voyageurs, lorsqu'ils ont
faim, tuent un bœuf, en prennent ce qu'ils peuvent
en manger et abandonnent le reste qui devient la
proie des chiens sauvages et des tigres. Les chiens
ont été apportés d'Europe ; la facilité de se nourrir
en pleine campagne leur a fait quitter les habitations et ils se sont multipliés à l'infini. Ils se
rassemblent souvent en troupe pour attaquer un
taureau, même un homme à cheval, s'ils sont
pressés par la faim. Les tigres ne sont pas en
grande quantité, excepté dans les lieux boisés et il
n'y a que les bords des petites rivières qui les
voient.

« On connaît l'adresse des habitants de ces contrées à se servir du lacs (forte courroie tressée
dont un bout est attaché à la selle du cheval qu'ils
montent et dont l'autre bout forme un nœud
coulant) ; et il est certain qu'il y a des Espagnols
qui ne craignent pas d'enlacer les tigres : il ne
l'est pas moins que plusieurs finissent par être la
proie de ces redoutables animaux !... »

Le séjour que Bougainville avait fait au Canada
et le contact presque quotidien qu'il y avait eu
avec les Peaux-Rouges le prédisposaient à étudier
de près les indigènes des pays exotiques. Son attention se porta aussitôt sur les Indiens qui peuplaient
les alentours de Buenos-Aires et la description
qu'il en a fait vaut la peine d'être citée : « Les
naturels qui habitent cette partie de l'Amérique au
nord et au sud de la rivière de La Plata, sont du

nombre de ceux qui n'ont pu être encore sub-
jugués par les Espagnols et qu'ils nomment
« Indios bravos ». Ils sont d'une taille médiocre,
fort laids et presque tous galeux. Leur couleur est
très basanée et la graisse dont ils se frottent continuellement les rend encore plus noirs. Ils n'ont
d'autre vêtement qu'un grand manteau de peau
de chevreuil qui leur descend jusqu'aux talons et
dans lequel ils s'enveloppent. Leurs armes sont
l'arc et la flèche ; ils se servent aussi de lacs et de
boules. Ces boules sont deux pierres rondes de la
grosseur d'un boulet de deux livres, enchâssées
l'une et l'autre dans une bande de cuir et attachées
à chacune des extrémités d'un boyau cordonné long
de six à sept pieds. Ils se servent à cheval de cette
arme comme d'une fronde et en atteignent jusqu'à
deux cents pas l'animal qu'ils poursuivent. Ces
Indiens passent leur vie à cheval et n'ont pas de
demeures fixes, du moins auprès des établissements
espagnols. Ils y viennent quelquefois avec leurs
femmes pour y acheter de l'eau-de-vie, et ils ne
cessent d'en boire que quand l'ivresse les laisse
absolument sans mouvement. Pour se procurer des
liqueurs fortes, ils vendent armes, pelleteries, chevaux, et quand ils ont épuisé leurs moyens, ils
s'emparent des premiers chevaux qu'ils trouvent
auprès des habitations et s'éloignent. Quelquefois,
ils se rassemblent en troupes de deux ou trois
cents pour venir enlever des bestiaux sur les terres
des Espagnols ou pour attaquer les caravanes des

voyageurs. Ils pillent, massacrent et emmènent
en esclavage. C'est un mal sans remède : comment
dompter une nation errante dans un pays immense
et inculte où il serait même difficile de la rencontrer ? D'ailleurs, ces Indiens sont courageux,
aguerris, et le temps n'est plus où un Espagnol
faisait fuir mille Américains. »

Le retour de Bougainville à Montevideo ne put,
à cause des vents contraires, avoir lieu dans la
goélette qui l'avait amené avec le prince de Nassau.
Il leur fallut passer la rivière vis-à-vis de Buenos-
Aires et faire par terre le reste de la route. Ce
voyage ne manqua pas de pittoresque.

« Nous traversâmes, nota Bougainville, ces
plaines immenses dans lesquelles on se conduit
par le coup d'œil, dirigeant son chemin de manière
à ne pas manquer les gués des rivières, chassant
devant soi trente à quarante chevaux parmi lesquels
il faut prendre avec un lacs son relais lorsque celui
qu'on monte est fatigué ; se nourrissant de viande
presque crue et passant les nuits dans des cabanes
faites de cuir où le sommeil est à chaque instant
interrompu par les hurlements des tigres qui
rôdent aux environs. Je n'oublierai de ma vie la
façon dont nous passâmes la rivière de Sainte-
Lucie, rivière fort profonde et très rapide et beaucoup plus large que n'est la Seine vis-à-vis des
Invalides. On vous fait entrer dans un canot
étroit et long et dont un des bords est de moitié
plus haut que l'autre, on force ensuite deux che-

vaux d'entrer dans l'eau, l'un à tribord, l'autre à bâbord du canot, et le maître du bac, tout nu, précaution fort sage assurément, mais peu propre à rassurer ceux qui ne savent pas nager, soutient de son mieux au-dessus de la rivière la tête des deux chevaux dont la besogne, alors, est de vous passer à la nage de l'autre côté, s'ils en ont la force. »

Bougainville était de retour à Montevideo le 16 février, après une absence de deux semaines. La *Boudeuse* avait, pendant ce temps, subi quelques réparations indispensables. Des provisions de toutes sortes, de l'eau et des bestiaux furent embarqués à son bord. La relâche dans ce port charmant, où l'air est d'une parfaite salubrité, avait été excellente pour la santé des équipages. Mais Bougainville avait une tâche à remplir et il ne voulait point s'attarder dans les délices de cette nouvelle Capoue, où la vie trop facile pouvait avoir une influence amollissante sur ses hommes. Il nota dans son journal en évoquant la relâche à Montevideo : « On doit y prendre ses mesures contre la désertion. Tout y invite le matelot, dans un pays où la première réflexion qui le frappe en mettant pied à terre, c'est que l'on y vit presque sans travail. En effet, comment résister à la comparaison de couler dans le sein de l'oisiveté des jours tranquilles sous un climat heureux, ou de languir affaissé sous le poids d'une vie constamment laborieuse, et d'accélérer dans les travaux de la mer les douleurs d'une vieillesse indigente ? »

Bref, quand tout fut prêt, Bougainville appareilla de Montevideo, le 28 février, avec les deux frégates espagnoles. Les trois navires voguaient ensemble vers les Malouines que Bougainville, deux ans plus tôt, avait quittées si plein de patriotique espoir et qu'il allait revoir maintenant, le cœur lourd de regrets.

La cession des Malouines
et la relâche à Rio de Janeiro

La traversée de Montevideo aux Malouines fut assez mouvementée. Les trois frégates eurent à lutter contre un vent terrible et durent essuyer de violentes tempêtes. Les fureurs de l'Atlantique furent néfastes aux bestiaux qui avaient été embarqués à Montevideo pour la colonie. Presque tous avaient péri avant l'arrivée aux Malouines, qui eut lieu le 25 mars.

L'état-major des îles et les cent cinquante habitants qui constituaient leur population accueillirent Bougainville avec des démonstrations de sincère enthousiasme. Leur joie fit bientôt place à la stupeur quand celui-ci leur eut annoncé que les nécessités de la politique avaient obligé le roi de France à céder aux Espagnols la petite colonie naissante. Il n'y avait pas à discuter les décisions de Sa Majesté. Bougainville lut aux colons une lettre du roi, par laquelle Louis XV leur permettait de rester aux Malouines sous la domination du roi d'Espagne. Quelques familles déclarèrent vouloir profiter de cette permission. Le reste des habitants, ainsi que tout l'état-major, fut embarqué sur les frégates espagnoles qui firent voile pour Montevideo deux jours plus tard.

Le 1ᵉʳ avril, Bougainville procéda à la cérémonie officielle de la cession des Malouines aux Espagnols.

Le drapeau blanc de France qui flottait sur le fort fut amené lentement et l'étendard d'Espagne fut hissé à sa place. Vingt et un coups de canon saluèrent le pavillon nouveau.

Bougainville sentit son visage se crisper. Quelque chose se déchirait en lui et sa souffrance était infinie de voir l'œuvre qu'il avait commencé d'édifier pour son roi passer définitivement aux mains de l'étranger.

*
* *

La *Boudeuse* ne pouvait entreprendre seule la grande randonnée dans le Pacifique, vers lequel Bougainville était maintenant prêt à se diriger. La flûte *l'Étoile* qui devait accompagner la frégate dans son voyage de circumnavigation n'avait point encore paru aux Malouines où elle devait faire sa jonction avec la *Boudeuse*. Bougainville l'y attendit pendant tout le mois d'avril et tout le mois de mai. Désespérant de la voir venir et s'apercevant que ses vivres diminuaient, il décida de se rendre à Rio de Janeiro, le port magnifique de l'immense colonie portugaise du Brésil. Il avait, en effet, indiqué à M. de la Giraudais, commandant de *l'Étoile*, Rio de Janeiro comme point de réunion au cas où des circonstances forcées empêcheraient ce dernier d'arriver aux Malouines.

Le 2 juin, Bougainville dit un dernier adieu aux petites îles, où il avait jeté en semence tant d'espoir dont le destin ne lui avait pas permis de récolter les fruits, et il fit voile vers le Brésil.

Après une traversée favorable, il entra dans la rade de Rio de Janeiro le 21 décembre. Il eut la satisfaction d'y retrouver *l'Étoile* qui y était mouillée depuis six jours. M. de la Giraudais expliqua les raisons de son retard. Son départ de Rochefort n'avait pu avoir lieu qu'en février, c'est-à-dire trois mois après la date fixée. Puis une voie d'eau et le mauvais état de la mâture avaient contraint *l'Étoile* de relâcher à Montevideo, où les frégates espagnoles lui avaient donné des nouvelles de la *Boudeuse*.

A bord de *l'Étoile* se trouvaient, en plus d'un état-major distingué, un célèbre botaniste du nom de Commerson que le duc de Praslin, ministre de la Marine, avait désigné pour être le naturaliste officiel de l'expédition, un chirurgien de Rochefort, Vivès, et un jeune astronome, Verron. Bougainville fit un peu plus tard venir ce dernier à bord de la *Boudeuse* en qualité de pilote observateur et avec mission d'essayer les nouvelles méthodes de longitude.

L'Étoile apportait pour treize mois de vivres en

salaisons et en boissons : quant à sa provision de
pain et de légumes, elle était nettement insuffi-
sante pour le voyage qu'on allait entreprendre.
Comme il était impossible de se procurer à Rio
de Janeiro du biscuit, du blé ou de la farine,
Bougainville décida de retourner dans la rivière
de la Plata pour chercher à Montevideo et à Buenos-
Aires ces denrées indispensables.

La relâche des vaisseaux français à Rio de
Janeiro dura trois semaines, pendant lesquelles de
sérieuses réparations furent effectuées et d'importantes provisions de bois furent embarquées.

Ces trois semaines furent fertiles en incidents,
provoqués par l'humeur aussi désagréable que
fourbe du comte d'Acunha, vice-roi du Brésil.
Celui-ci, dès le premier contact avec les Français,
s'empressa de manifester l'ampleur de son caractère acariâtre. Avant de prendre pied à terre,
Bougainville avait envoyé un de ses officiers d'état-
major, le chevalier de Bournand, informer le
comte d'Acunha des raisons de sa venue dans les
eaux portugaises et traiter de la question proto-
colaire du salut, si importante dans le code de la
navigation. Le comte d'Acunha répondit au chevalier de Bournand que « lorsque quelqu'un, en
rencontrant un autre dans la rue, lui ôtait son
chapeau, il ne s'informait pas auparavant si cette
politesse serait rendue ou non ; que si la *Boudeuse*
saluait la place, il verrait ce qu'il aurait à faire ».
Bougainville, considérant que cette réponse n'en

était pas une, décida de ne point saluer du tout.
Il lui fallut cependant le lendemain aller faire
avec son état-major une visite au vice-roi qui la
rendit à bord de la frégate trois jours plus tard.
Cette fois, Bougainville fit saluer de dix-neuf coups
de canon la sortie de celui-ci. Le fort Sainte-Croix
rendit aussitôt la politesse. Au cours de cette visite,
le comte d'Acunha fut tout miel. Il multiplia les
sourires et offrit à Bougainville tous les secours
qui étaient en son pouvoir. Il lui accorda même
la permission, que celui-ci lui avait demandée,
d'acheter une corvette qui serait de la plus grande
utilité au cours de l'expédition. Il ajouta même
que, « s'il y en avait au roi de Portugal, il l'offrirait
au commandant français ». Il assura aussi à Bougainville qu' « il avait ordonné les plus exactes
perquisitions pour connaître ceux qui, sous les
fenêtres mêmes de son palais, avaient assassiné
l'aumônier de *l'Étoile* peu de jours avant l'arrivée
de la *Boudeuse* et qu'il en ferait la plus sévère
justice ».

Bref, par une sorte de miracle, le vice-roi était
devenu le plus aimable et le plus courtois des
hommes. Ses gentillesses, toutes platoniques, du
reste, se prolongèrent durant plusieurs jours. Il
annonça à Bougainville qu'il allait donner aux
commandants et aux états-majors de la *Boudeuse*
et de *l'Étoile* de petits soupers au bord de l'eau,
« sous des berceaux de jasmins et d'orangers ».
Il offrit même aux officiers français une loge à

l'Opéra, où l'on représentait les œuvres du célèbre poète italien Metastasio. « Nous pûmes, nota Bougainville, dans une salle assez belle, y voir les chefs-d'œuvre de Metastasio représentés par une troupe de mulâtres et entendre ces morceaux divins des grands maîtres d'Italie exécutés par un mauvais orchestre que dirigeait alors un prêtre bossu, en habit ecclésiastique. »

La faveur dont jouissaient Bougainville et ses compagnons était pour les gens du pays un grand sujet d'étonnement. Ceux-ci ne manquèrent point d'avertir les Français que les procédés de leur gouverneur ne seraient pas longtemps les mêmes. Bougainville, du reste, avait été prévenu de la parfaite hypocrisie du comte d'Acunha par don Francisco de Medina, commandant du *Diligent*, vaisseau de guerre espagnol qui, à cause d'une voie d'eau considérable, se trouvait depuis huit mois en rade de Rio de Janeiro pour y être radoubé. Les incroyables vexations du vice-roi et le refus des secours nécessaires empêchaient le commandant espagnol d'achever les réparations sans lesquelles il lui était impossible de regagner l'Europe. Bougainville, toujours prêt à tendre la main à ceux qui étaient dans le besoin, s'empressa d'offrir à don Francisco de Medina l'aide des charpentiers et des ouvriers de la *Boudeuse* et de *l'Étoile*. Ce geste n'eut pas l'heur de plaire au charmant vice-roi dont la passagère courtoisie se changea vite en permanentes vexations. Bougain-

ville nota avec philosophie dans son journal :
« Soit que les secours que nous donnions aux Espagnols et notre liaison avec eux lui déplussent, soit
qu'il lui fût impossible de soutenir davantage des
manières opposées entièrement à son humeur, il
fut bientôt avec nous ce qu'il était pour tous les
autres. »

L'attitude du comte d'Acunha à l'égard des
Espagnols était devenue d'autant plus revêche que
les Portugais venaient justement de surprendre
et d'attaquer les Espagnols à Rio-Grande, la province la plus méridionale du Brésil, et de les
chasser d'un poste qu'ils occupaient sur la rive
gauche de cette rivière. Un état de guerre existait
donc entre les deux colonies rivales. Les Français
partagèrent la disgrâce de leurs amis espagnols.
Il n'était plus question de soupers au bord de
l'eau sous des berceaux fleuris ; plus de loge à
l'Opéra, plus de corvette, et même plus de bois.
Les mânes du malheureux aumônier de *l'Étoile* ne
seraient point vengées. Les belles promesses que
le vice-roi tartufe avait faites dans un sourire
s'étaient évanouies dans une grimace. Bougainville
a noté dans son journal l'exquise aménité dont le
vice-roi a daigné faire preuve à son égard durant
sa relâche à Rio de Janeiro, et il a narré avec une
saveur toute particulière une scène épique qui se
passa entre cet homme aimable et lui :

« Lorsque, d'après la parole réitérée du vice-roi,
j'eus conclu le marché pour l'achat d'un senau

(espèce de corvette), Son Excellence fit défendre au vendeur dc me le livrer. Il fut pareillement défendu de nous laisser prendre dans le chantier royal des bois qui nous étaient nécessaires et pour lesquels nous avions arrêté un marché ; il me refusa ensuite la permission de me loger avec mon état-major, pendant le temps qu'on ferait à la frégate quelques réparations essentielles, dans une maison voisine de la ville que m'offrit le propriétaire et que le commodore Byron avait occupée lors de sa relâche dans ce port en 1765. Je voulus lui faire à ce sujet et sur le refus du senau et des bois quelques représentations. Il ne m'en donna pas le temps, et, aux premiers mots que je lui dis, il se leva avec fureur, m'ordonna de sortir, et piqué sans doute de ce que, malgré sa colère, je restais assis, de même que deux officiers qui m'accompagnaient, il appela sa garde ; mais sa garde, plus sage que lui, ne vint pas, et nous nous retirâmes sans que personne parût s'être ébranlé. A peine fûmes-nous sortis qu'on doubla la garde de son palais, on renforça les patrouilles, et l'ordre fut donné d'arrêter tous les Français qu'on trouverait dans les rues après le coucher du soleil. »

Après cet incident, Bougainville jugea prudent de hâter les préparatifs du départ. Et cependant, malgré tous les désagréments causés par la tyrannique attitude du comte Açunha, les Français ne quittèrent pas sans regrets cette côte adorable du Brésil. Les quelques excursions que Bougainville

et ses compagnons avaient faites à Rio de Janeiro
et dans ses environs les avaient charmés. M. de
Commerson, le savant naturaliste de *l'Étoile*, chez
qui la manie d'herboriser était passée à l'état de
mysticisme, célébrait avec extase l'abondance et
la splendeur des trésors botaniques qu'il venait
de découvrir au Brésil. Il affirmait que ce pays
était « le plus riche en plantes qu'il eût jamais
rencontré ».

Quant à Bougainville, chez qui le goût de l'action n'excluait jamais la faculté d'apprécier délicatement les attraits de la nature, il écrivait dans
son journal : « Nous avons joui pendant notre
séjour à Rio de Janeiro du printemps des poètes.
La vue de cette baie donnera toujours le plaisir
le plus vif aux voyageurs, surtout à ceux qui,
comme nous, auront été longtemps privés de la
vue des bois, des habitations, et qui auront vécu
dans les climats où le calme et le soleil sont rares.
Rien n'est plus riche que le coup d'œil des paysages qui s'offrent de toutes parts, et c'eût été pour
nous une vraie satisfaction de jouir de cette charmante contrée. Ses habitants nous avaient témoigné
de la façon la plus honnête le déplaisir que leur
causaient les mauvais procédés de leur vice-roi à
notre égard, aussi regrettâmes-nous de ne pouvoir
rester plus longtemps avec eux. »

Le 15 juillet, la *Boudeuse* et *l'Étoile*, glissant
sur une mer infiniment calme, sortirent de la baie
de Rio de Janeiro.

Il n'y eut point de salut pour le vice-roi, mais dans le dernier regard que Bougainville et ses compagnons jetèrent sur les rives fleuries qui s'estompaient dans le lointain, il y avait un peu de la mélancolie qu'on ressent toujours lorsque l'on quitte, pour ne plus le revoir, un paysage de lumière et de beauté.

CHAPITRE VI

Nouvelle escale à Montevideo
L'expulsion des jésuites

Le 31 juillet 1767, exactement quinze jours après leur départ de Rio de Janeiro, la *Boudeuse* et l'*Étoile* mouillèrent dans la baie de Montevideo. L'escale des deux navires dans la rivière de la Plata devait durer trois mois et demi. Tout d'abord, Bougainville avait décidé de ne séjourner que six semaines dans la rade hospitalière, c'est-à-dire le temps d'attendre la révolution de l'équinoxe et pendant lequel seraient effectués l'embarquement des vivres et du bois ainsi que les réparations indispensables. Mais un accident survenu à l'*Étoile* changea ces dispositions. La flûte fut abordée par un autre vaisseau qui lui brisa son mât de beaupré et lui occasionna de très graves avaries qui augmentèrent considérablement la voie d'eau qui la gênait depuis le commencement de la campagne. Il fallut décharger l'*Étoile* et, comme les bois nécessaires à la réparation de la mâture ne se trouvaient point à Montevideo, on dut, avec mille précautions, faire remonter le fleuve au vaisseau

pour le mener à la Encenada de Baragan, port
formé par l'embouchure d'une petite rivière qui
se jette dans le Rio de la Plata sur la rive méridionale, à environ douze lieues à l'est-sud-est de
Buenos-Aires. Bougainville dirigea lui-même
cette navigation difficile. Il ne fut pas enthou-
siasmé par l'aspect de Baragan, qu'il appelle « un
mauvais port » et dont la pénurie le frappa.
« D'ailleurs, écrivit-il, nuls magasins à terre,
quelques maisons ou plutôt des chaumières cons-
truites avec des joncs, couvertes de cuir, disper-
sées sans ordre sur un sol brut et habitées par des
hommes qui ne connaissent d'autre bonheur que
celui de ne rien faire. »

Vu la longueur de la relâche, les Français prirent
des logements à Montevideo et y établirent un
hôpital. Les loisirs ne manquaient point aux officiers qui, avec le prince de Nassau, s'enfonçaient
dans les pampas pour prendre part à de sensa-
tionnelles chasses au tigre. Quant à Bougainville,
son activité ne cessait point. Il veillait à tout et
visitait fréquemment don Francisco Bucarelli,
gouverneur général de Buenos-Aires, en vue d'obtenir toutes les autorisations dont il avait besoin.
Il n'eut qu'à se louer de la fine courtoisie et de
l'inépuisable complaisance de ce grand seigneur
espagnol dont les manières affables contrastaient
agréablement avec la grossièreté parfaite du vice-
roi du Brésil.

*
* *

Un événement capital retint particulièrement l'attention de Bougainville pendant son long séjour sur les bords de la Plata. Ce fut, sur l'ordre du roi d'Espagne, l'expulsion des jésuites de toutes les colonies espagnoles de l'Amérique du Sud ainsi que la confiscation de leurs biens. Rien de ce qui intéressait la vie des nations et l'évolution des peuples ne laissait indifférent Bougainville qui, en tant qu'homme du dix-huitième siècle, était sensible à tous les grands mouvements de l'humanité. Il fit une enquête approfondie sur les causes de ce bouleversement dont il fut le témoin impartial et sur lequel il écrivit des pages d'une vie, d'une pénétration et d'un pittoresque admirables.

Dès la fin du seizième siècle, les jésuites avaient commencé d'établir des missions sur les bords fertiles du Parana et de l'Uruguay. Ces religieux, aussi habiles qu'instruits, avaient reçu du roi d'Espagne l'ordre d'évangéliser les Indiens. Comme le dit Bougainville : « Deux motifs qu'il est permis aux souverains d'allier lorsque l'un ne nuit pas à l'autre, la religion et l'intérêt, avaient fait désirer aux monarques espagnols la conversion de ces Indiens; en les rendant catholiques, on civilisait des hommes sauvages, on se rendait maître d'une contrée vaste et abondante : c'était ouvrir à la métropole une nouvelle source

de richesses et acquérir des adorateurs au vrai
Dieu. »

Au début, les jésuites se conformèrent en tous
points à la tâche difficile qui leur était confiée et
se bornèrent d'abord à la persuasion et à la prédi-
cation apostolique pour adoucir l'humeur sauvage
des Indiens. « Les jésuites, écrivit Bougainville,
entrèrent dans la carrière avec le courage des
martyrs et une patience vraiment angélique. Il
fallait l'un et l'autre pour attirer, retenir, plier à
l'obéissance et au travail des hommes féroces,
inconstants, attachés autant à leur paresse qu'à
leur indépendance. Les obstacles furent infinis,
les difficultés surgissaient à chaque pas : le zèle
triompha de tout, et la douceur des missionnaires
amena enfin à leurs pieds ces farouches habitants
des bois. En effet, ils les réunirent dans des habitations, leur donnèrent des lois, introduisirent
chez eux les arts utiles et agréables ; enfin, d'une
nation barbare, sans mœurs et sans religion, ils
en firent un peuple doux, policé, exact observateur des cérémonies chrétiennes. Ces Indiens,
charmés par l'éloquence persuasive de leurs
apôtres, obéissaient volontiers à des hommes
qu'ils voyaient se sacrifier à leur bonheur, de telle
façon que quand ils voulaient se former une idée
du roi d'Espagne, ils se le représentaient sous
l'habit de saint Ignace. »

Peu à peu, avec beaucoup de modération et de
prudence, les jésuites glissèrent de la domination

spirituelle à la domination temporelle. Chaque peuplade était gouvernée par deux jésuites : l'un, appelé curé, était chargé de l'administration du temporel, et l'autre, que l'on appelait compagnon ou vice-curé, subordonné au premier, remplissait les fonctions spirituelles. L'unique loi était l'Évangile et la volonté des jésuites. Les Indiens de tout âge et de tout sexe étaient obligés de travailler pour la communauté et la peuplade. Le curé faisait emmagasiner le produit du travail et se chargeait de nourrir et d'habiller tout le monde. Les jésuites avaient réalisé en partie l'état égalitaire rêvé par Jean-Jacques Rousseau. Tous les Indiens étaient égaux et ne pouvaient posséder aucune propriété particulière. Bougainville ne pouvait s'empêcher d'admirer la merveilleuse puissance d'apostolat et d'organisation de ces disciples d'Ignace de Loyola qui, dans le Paraguay comme dans l'Uruguay, par le seul ascendant de leur parole, sans armée et sans argent, avaient converti à la foi chrétienne, au travail, à l'obéissance passive des centaines de milliers de sauvages, barbares et errants.

« J'aurais cité, écrivit-il, les lois des missions comme le modèle d'une administration faite pour donner aux humains le bonheur et la sagesse. En effet, quand on se représente de loin et en général ce gouvernement magique fondé par les seules armes spirituelles, et qui n'était lié que par les chaînes de la persuasion, quelle institution plus honorable à l'humanité! C'est une société qui habite une terre fertile sous un climat fortuné, dont tous les membres sont laborieux et où personne ne travaille pour soi ; les fruits de la culture commune sont rapportés fidèlement dans les magasins publics, d'où l'on distribue à chacun ce qui lui est nécessaire pour sa nourriture, son habillement et l'entretien de son ménage ; l'homme dans la vigueur de l'âge nourrit, par son travail, l'enfant qui vient de naître ; et lorsque le temps a usé ses forces, il reçoit de ses concitoyens les mêmes services dont il leur a fait l'avance ; les maisons particulières sont commodes, les édifices publics sont beaux, le culte est uniforme et scrupuleusement suivi ; ce peuple heureux ne connaît ni rangs ni conditions, il est également à l'abri des richesses et de l'indigence. Telles ont dû paraître et telles me paraissaient les missions dans le lointain et l'illusion de la perspective. »

Une enquête serrée, l'interrogation de nombreux témoins, la réalité des faits, tout cela diminua quelque peu l'enthousiasme de Bougainville pour le gouvernement idéal des missions.

« Les Indiens, écrivit-il, avaient pour leurs curés une soumission tellement servile que, non seulement ils se laissaient punir du fouet à la manière du collège, hommes et femmes, pour les fautes publiques, mais qu'ils venaient eux-mêmes solliciter le châtiment des fautes mentales. Dans chaque paroisse, les Pères élisaient tous les ans des corrégidors et des capitulaires chargés des détails de l'administration... Les élus venaient aux pieds du Père curé recevoir les marques de leur dignité qui ne les exemptait pas d'être fouettés comme les autres. Leur plus grande distinction était de porter des habits, tandis qu'une chemise de toile de coton composait seule le vêtement du reste des Indiens de l'un et de l'autre sexe... Le peuple était depuis huit heures du matin distribué aux divers travaux, soit de la terre, soit des ateliers, et les corrégidors veillaient au sévère emploi du temps : les femmes filaient du coton, on leur en distribuait tous les lundis une certaine quantité qu'il fallait rapporter filé à la fin de la semaine. A cinq heures et demie du soir, on se rassemblait pour réciter le rosaire et baiser encore la main du curé (il y avait déjà eu un premier baisement de main à sept heures du matin) ; ensuite se faisait la distribution d'une once de maté et de quatre livres de bœuf pour chaque ménage qu'on supposait être composé de huit personnes ; on donnait aussi du maïs. Le dimanche, on ne travaillait point, l'office divin prenait plus de temps ; ils pouvaient ensuite se livrer à quelques jeux aussi tristes que leur vie. On voit, par ce détail exact, que les Indiens n'avaient en quelque sorte aucune propriété, **et qu'ils** étaient assujettis à une uniformité de travail et de repos cruellement ennuyeuse. Cet ennui, qu'avec raison on dit mortel, suffit pour expliquer ce qu'on nous a dit, qu'ils quittaient la vie sans la regretter et qu'ils mouraient sans avoir vécu. Quand une fois ils tombaient malades, il était rare qu'ils guérissent, et lorsqu'on leur demandait alors si de mourir les affligeait, ils répondaient que non, et le répondaient comme des gens qui le pensent... Au reste, les jésuites nous représentaient ces Indiens comme une espèce d'hommes qui ne pouvaient jamais atteindre qu'à l'intelligence des enfants ; la vie qu'ils menaient empêchait ces grands enfants d'avoir la gaieté des petits. »

A part une petite révolte qui éclata en 1757 contre l'autorité espagnole et qui du reste fut vite réprimée dans le sang, ces Indiens étaient les plus dociles des sujets et la cour d'Espagne n'avait eu qu'à se féliciter d'avoir confié à la Compagnie de Jésus le soin de soumettre ceux qui avaient été autrefois les indigènes les plus redoutables de son immense colonie.

Un vent de haine contre les jésuites soufflait sur l'Europe. En 1764, Louis XV les avait chassés de France, la cour du Portugal les avait persécutés et expulsés. Le roi Charles III d'Espagne, sans motif spécial, les avait fait tous arrêter dans la nuit du 2 au 3 avril 1767 et avait ensuite rendu une ordonnance abolissant l'ordre sans information préalable. C'est au mois de juin de la même année qu'arrivèrent à Buenos-Aires les ordres de la cour enjoignant à don Francisco Bucarelli de faire arrêter et déporter tous les jésuites des mis-

sions. La tâche était difficile et devait être exécutée
dans le plus grand secret pour éviter toute révolte
possible de la part des Indiens. Elle fut remplie
avec une diplomatie et une précision parfaites.
Quand il s'agit de détruire, les hommes découvrent
en eux une inépuisable mine d'organisation. Le
gouverneur général écrivit d'abord dans les missions qu'on lui envoyât sur-le-champ le corrégidor
et un cacique de chaque peuplade pour leur com-
muniquer des lettres du roi. Il était nécessaire que
les Indiens fussent en chemin et hors de l'atteinte
de leurs curés avant que la nouvelle des ordres
d'expulsion leur parvînt. « Par ce moyen, nota
Bougainville, le gouverneur remplissait deux vues :
l'une de se procurer des otages qui l'assureraient
de la fidélité des peuplades lorsqu'il en retirerait
les jésuites ; l'autre, de regagner l'affection des
principaux Indiens par les bons traitements qu'on
leur prodiguerait à Buenos-Aires. »

Les jésuites ne voyaient pas sans appréhension
cette convocation générale des chefs indiens. Ils
leur avaient fait la leçon au départ et leur avaient
dit de ne rien croire de tout ce que leur raconte-
rait le gouverneur : « Préparez-vous, mes enfants,
avaient-ils ajouté, à entendre beaucoup de men-
songes. »

Le 13 septembre, au nombre de cent vingt, les
corrégidors et les caciques des peuplades des
missions firent leur entrée à cheval dans Buenos-
Aires. Ils avaient appris en chemin la nouvelle de

l'expulsion des jésuites, mais avaient néanmoins continué leur route. Bougainville assistait à la réception que leur fit le gouverneur général et il la raconta ainsi : « Le gouverneur parut à un balcon ; il leur fit dire qu'ils étaient les bienvenus, qu'ils allassent se reposer et qu'il les informerait du jour auquel il aurait résolu de leur signifier les intentions du roi. Il ajouta sommairement qu'il venait les tirer d'esclavage et les mettre en possession de leurs biens dont, jusqu'à présent, ils n'avaient pas joui. Ils répondirent par un cri général, en élevant la main droite vers le ciel et souhaitant mille prospérités au roi et au gouverneur. Ils ne paraissaient pas mécontents, mais il était aisé de démêler sur leur visage plus de surprise que de joie. »

Bougainville, qui ne perdait pas une occasion d'étudier de près les mœurs des sauvages, alla les voir à plusieurs reprises et résuma ses impressions avec son habituel humour : « Ils m'ont paru, dit-il, d'un naturel indolent ; je leur trouvai cet air stupide d'animaux pris au piège. On m'en fit remarquer que l'on disait fort instruits, mais comme ils ne parlaient que la langue *guarani*, je ne fus pas dans le cas d'apprécier le degré de leurs connaissances ; seulement j'entendis jouer du violon un cacique que l'on nous assurait être grand musicien, il joua une sonate, et je crus entendre les sons obligés d'une serinette. »

*
* *

Dans toutes les villes de la colonie espagnole,
les ordres du roi s'exécutèrent sans le moindre
incident. Les Pères jésuites n'opposèrent aucune
résistance à la mesure dont ils étaient victimes.
« Ils témoignèrent, remarqua Bougainville, la
plus parfaite résignation, s'humiliant sous la
main qui les frappait et reconnaissant, disaient-
ils, que leurs péchés avaient mérité le châtiment
dont Dieu les punissait. »

On les embarqua pour l'Europe et, par une
ironie du destin, un des premiers vaisseaux qui
emmena ces austères religieux vers des régions
plus hospitalières se nommait la *Vénus*.

Telle fut l'histoire de l'expulsion des jésuites
chassés par ordre de Sa Majesté Très Catholique
des colonies espagnoles de l'Amérique du Sud.
Bougainville considérait plus tard ces événements, dont le hasard l'avait fait le témoin, comme
un des épisodes les plus intéressants de son
voyage.

Le jugement final qu'il porta sur les jésuites
fut celui d'un homme de bon sens, exempt de
haine et de passion : « Ma plume se refuse au
détail de tout ce que le public de Buenos-Aires
prétendait avoir été trouvé dans les papiers saisis
aux jésuites ; les haines sont encore trop récentes
pour qu'on puisse discerner les fausses imputa-
tions des véritables. J'aime mieux rendre justice

à la plus grande partie des membres de cette
société qui ne participaient point au secret de ses
vues temporelles. S'il y avait dans ce corps
quelques intrigants, le grand nombre, religieux
de bonne foi, ne voyaient dans l'institut que la
piété de son fondateur et servaient en esprit et
en vérité le Dieu auquel ils s'étaient consacrés. »

*
* *

Les équipages de la *Boudeuse* et de *l'Étoile* coulaient des jours heureux sur les bords aimables du
Rio de la Plata et appréciaient pleinement les
charmes du séjour. La nourriture était excellente
et les repas composés de viande fraîche et de
fruits semblaient un vrai régal à tous ces marins,
habitués aux mornes salaisons qui constituaient
leur invariable menu pendant les interminables
voyages en mer. La santé des hommes était parfaite. Bougainville s'en réjouissait particulièrement, car il veillait avec un soin minutieux à
l'état sanitaire des équipages. A bord des vaisseaux qu'il commandait, l'hygiène était la grande
déesse aux autels de laquelle il fallait largement
sacrifier.

Mais le temps du départ approchait. On avait
embarqué pour dix mois de rafraîchissements. On
commença d'appareiller. Douze hommes, soldats
et matelots, manquaient à l'appel. Ils avaient
déserté, ayant préféré la chaleur lascive du ciel

de la Plata et les caresses des brunes Espagnoles aux misères certaines d'une longue navigation.

En plus de cette défection, Bougainville dut laisser à Montevideo le maître pilote, le maître charpentier, le maître armurier et un officier marinier de la *Boudeuse*, « auxquels, dit-il, l'âge et des infirmités incurables ne permettaient pas d'entreprendre le voyage ». Cependant, le vide causé par le départ de ces hommes avait été vite comblé, car Bougainville avait embarqué aux Malouines quelques-uns des matelots qui y étaient engagés pour la pêche, ainsi qu'un ingénieur, un officier de navire marchand et un chirurgien. Comme ceux-ci avaient accepté de faire partie de l'expédition, les vaisseaux avaient autant de monde que lorsqu'ils avaient quitté l'Europe.

Le 14 novembre arriva. La *Boudeuse* et l'*Étoile*, toute remise à neuf, sortirent de la rade de Montevideo, les voiles gonflées par un frais et léger vent du nord. Bougainville sur la dunette de la frégate contemplait les côtes riantes qui diminuaient dans l'horizon clair. Il songeait que, juste un an auparavant, il regardait s'éloigner les rives de la Loire. Aujourd'hui, il partait pour le grand inconnu. Des épreuves terribles l'attendaient sans doute, d'immenses responsabilités lui incombaient. Qu'importait! Il sentait qu'il triompherait de tout, puisqu'il avait la foi dans son destin et l'implacable volonté de réussir.

CHAPITRE VII

L'entrée dans le détroit de Magellan
et les Patagons

Bougainville avait décidé de pénétrer dans le Pacifique par le détroit de Magellan dont il avait déjà exploré une partie en 1765, lorsque, avec *l'Aigle*, il était allé y faire des provisions de bois pour les îles Malouines. Il préférait la traversée du détroit qu'il savait longue et périlleuse à la route du cap Horn qu'il jugeait plus dangereuse encore. La *Boudeuse* et *l'Étoile* se dirigeaient vers le sud en longeant d'assez loin les côtes de la Patagonie.

Quelques jours après le départ de la Plata, la mer devint affreuse. Presque tous les bestiaux qu'on avait embarqués à Montevideo avaient péri. Le docte naturaliste, M. de Commerson, pensait bien suivre le sort des malheureuses bêtes. Comme elles, il préférait la douce immobilité des pâturages à la danse effrénée des vagues mugissantes. Son visage avait passé par toutes les gammes qui vont du jaune au vert. Son estomac était déchiré et son cœur se soulevait en des nausées tumultueuses.

Il rêvait — autant toutefois que l'on peut rêver
en cet état calamiteux — aux herborisations dans
des plaines tranquilles et sur les flancs des riantes
collines. Il se répandait en anathèmes à l'endroit
des flots, des vaisseaux, de la navigation et des
marins de l'*Étoile* qui accueillaient ses souffrances
avec des quolibets vulgaires et des rires de mauvais
goût. Il était heureux pour lui qu'il eût embarqué
à Rochefort un domestique fidèle, Baret, qui partageait sa cabine et lui prodiguait ses soins les
plus dévoués. Peu lui importait que l'on aperçût
des loups marins, des pingouins et de monstrueuses baleines. Cette faune aquatique lui était
odieuse aussi bien que les alcyons qui tournaient
près du vaisseau en poussant des cris dissonants.
Il aurait donné tous les oiseaux des mers pour
entendre siffler un petit moineau de France et
toutes les baleines de l'Atlantique pour pouvoir
contempler une vache en train de paître dans une
prairie normande. Pauvre M. de Commerson!

*
* *

Après quinze jours d'une pénible navigation,
les vaisseaux arrivèrent au cap des Vierges qui
marque l'entrée orientale du détroit de Magellan.
Ce ne fut qu'après maintes difficultés qu'ils
purent pénétrer dans le détroit. Dans la nuit du
7 au 8 décembre, des feux brillèrent sur la côte
des Patagons, au fond d'une baie nommée la baie

Possession. Le matin du 8, un pavillon blanc fut hissé par les sauvages sur une hauteur. « Ces Patagons, nota Bougainville, étaient sans doute ceux que *l'Étoile* vit au mois de juin 1766 dans la baie Boucault et le pavillon qu'ils élevaient était celui qui leur fut donné par M. Denys de Saint-Simon en signe d'alliance. Le soin qu'ils ont pris de le conserver annonce des hommes doux, fidèles à leur parole, ou du moins reconnaissants des présents qu'on leur a faits. »

Sur la rive sud du détroit, c'est-à-dire sur la Terre de Feu, les Français aperçurent distinctement — car les navires étaient engagés à ce moment dans un goulet fort étroit — une vingtaine d'hommes couverts de peaux qui couraient à toutes jambes le long de la côte en suivant les vaisseaux. Ils faisaient avec la main des signes d'amitié.

Bougainville décida de mouiller dans la baie Possession. Il fit mettre deux canots à la mer et s'embarqua sur l'un d'eux avec plusieurs officiers. A peine avait-il mis pied à terre qu'il aperçut six Patagons arrivant au galop de leur cheval vers lui et ses compagnons, parmi lesquels se trouvait M. de Commerson, souriant, rasséréné, bénissant Dieu qui avait créé la terre ferme ! Les sauvages descendirent de cheval à cinquante pas et accoururent au-devant des étrangers en criant *chaoua, chaoua.* Ils semblaient ravis de voir des hommes blancs et, avec une spontanéité charmante, ils leur prirent les mains, leur tapèrent sur l'épaule, les embrassèrent avec autant d'effusion qu'une mère embrasse sa fille le soir de ses noces. Ces manifestations de tendresse étaient rythmées harmonieusement par le *chaoua* qui ne pouvait être évidemment qu'un *Te Deum* patagon.

Des canots, Bougainville fit venir de la galette et du pain frais que l'on distribua aux aimables indigènes dont le nombre augmentait. Ils firent honneur aux mets qu'on leur présentait. Des échanges eurent lieu sans tarder. Ils troquèrent des peaux de guanaques et de vigognes contre quelques bagatelles précieuses à leurs yeux. Par signes, ils demandèrent du tabac à fumer. On leur fit boire à chacun une gorgée d'eau-de-vie. « Dès qu'ils l'avaient avalée, nota Bougainville, ils se frappaient avec la main sur la gorge et poussaient, en soufflant, un son tremblant et inarticulé qu'ils terminaient par un roulement avec les lèvres. Tous firent la même cérémonie qui nous donna un spectacle assez bizarre. » Ils semblaient, innocents communistes, avoir une prédilection particulière pour le rouge. Dès qu'ils apercevaient un objet de cette couleur, ils le caressaient avec amour.

M. de Commerson, ainsi que quelques officiers, s'était mis à herboriser. Plusieurs Patagons l'aidèrent à cueillir des plantes. L'un d'eux manifesta un grand attachement pour le distingué naturaliste ou plutôt pour la redingote bleue qu'il portait. Par des signes éloquents, il fit comprendre à Commerson que, s'il lui donnait cet admirable vêtement d'azur, il lui offrirait sa fille en mariage. L'austère savant préféra sa redingote fidèle à une Patagonne qui ne l'eût peut-être pas été!

Au coucher du soleil, les Français regagnèrent leurs canots, escortés par leurs amis Patagons qui s'emparaient de tout ce qui leur tombait sous la main. Habitant les bords de la baie Possession, ils aimaient évidemment tout posséder, même le bien d'autrui. Après un dernier *chaoua* auquel les Français répondirent par un autre *chaoua* dont toute la côte retentit, les Patagons disparurent à toute bride.

« Ces Américains, écrivit Bougainville, sont les mêmes que ceux vus par *l'Étoile* en 1766. Un de nos matelots, qui était alors sur cette flûte, en a reconnu un qu'il avait vu dans le premier voyage. Ces hommes sont d'une belle taille; parmi ceux que nous avons vus, aucun n'était au-dessous de cinq pieds cinq à six pouces, ni au-dessus de cinq pieds neuf à dix pouces; les gens de *l'Étoile* en avaient vu dans le précédent voyage plusieurs de six pieds. Ce qui m'a paru être gigantesque en eux, c'est leur énorme carrure, la grosseur de leur tête et l'épaisseur de leurs membres. Ils sont robustes et bien nourris, leurs nerfs sont tendus, leur chair est ferme et soutenue : c'est l'homme qui, livré à la nature et à un aliment plein de sucs, a pris tout l'accroissement dont il est susceptible; leur figure

n'est ni dure ni désagréable, plusieurs l'ont jolie ;
leur visage est rond et un peu plat ; leurs yeux
sont vifs, leurs dents extrêmement blanches n'auraient pour Paris que le défaut d'être larges ; ils
portent de longs cheveux noirs attachés sur le
sommet de la tête. J'en ai vu qui avaient sous le
nez des moustaches plus longues que fournies.
Leur couleur est bronzée comme l'est sans excep-
tion celle de tous les Américains, tant de ceux qui
habitent la zone torride que de ceux qui y naissent
dans les zones tempérées et glaciales. Quelques-
uns avaient les joues peintes en rouge ; il nous a
paru que leur langue était douce, et rien n'annonce
en eux un caractère féroce... Les seules armes que
nous leur ayons vues sont deux cailloux ronds
attachés aux deux bouts d'un boyau cordonné,
semblables à ceux dont on se sert dans toute cette
partie de l'Amérique. Ils avaient aussi de petits
couteaux de fer dont la lame était épaisse d'un
pouce et demi à deux pouces. Ces couteaux, de
fabrique anglaise, leur avaient vraisemblablement
été donnés par M. Byron. Leurs chevaux, petits
et fort maigres, étaient sellés et bridés à la
manière des habitants de la rivière de la Plata.
Leur nourriture principale paraît être la moelle et
la chair de guanaques et de vigognes. Plusieurs en
avaient des quartiers attachés sur leurs chevaux,
et nous leur avons vu manger des morceaux crus.
Ils avaient aussi avec eux des chiens petits et
vilains lesquels, ainsi que leurs chevaux, boivent

de l'eau de mer, l'eau douce étant fort rare sur cette côte et même sur le terrain. Aucun d'eux ne paraissait avoir de supériorité sur les autres ; ils ne témoignaient même aucune espèce de déférence pour deux ou trois vieillards qui étaient dans cette bande. Je crois que cette nation mène la même vie que les Tartares. Errant dans les plaines immenses de l'Amérique méridionale, sans cesse à cheval, hommes, femmes et enfants, suivant le gibier ou les bestiaux dont ces plaines sont couvertes, se vêtissant et se cabanant avec des peaux, ils ont encore vraisemblablement avec les Tartares cette ressemblance qu'ils vont piller les caravanes des voyageurs. »

La *Boudeuse* et *l'Étoile* continuèrent leur route avec mille difficultés. La marée, le courant, les vents et la pluie, tout semblait faire obstacle à la marche des vaisseaux qui mouillèrent au nord d'une petite île nommée l'île Sainte-Élisabeth. Bougainville alla explorer cet endroit sec et stérile, où quelques farouches outardes s'enfuirent à la vue des voyageurs. Il n'y avait en fait d'eau douce que l'eau saumâtre d'un petit étang. Le bois y était introuvable. Tout séjour là semblait inutile. On appareilla. La partie la plus difficile du détroit était franchie. Mais les vaisseaux allaient bientôt s'engager entre les rives les plus désolées de l'univers.

CHAPITRE VIII

La sinistre traversée du détroit

Dans les jours qui suivirent, les voyageurs eurent
à subir les plus fantastiques changements de température. Le ciel passait brusquement du bleu le
plus pur au gris le plus menaçant. La pluie, la
grêle et la tempête succédaient sans transition au
calme lumineux d'un printemps méditerranéen.
Les vaisseaux louvoyaient tant bien que mal dans
les eaux terribles du détroit que bordaient au nord
les côtes boisées de la Patagonie et au sud les
horribles anfractuosités de la Terre de Feu, où
s'élevaient de sinistres montagnes, couvertes d'une
neige bleue « aussi ancienne que le monde ».

Chaque fois qu'il voyait un mouillage convenable, Bougainville mettait les navires à l'ancre
et allait explorer les bords des baies qui l'abri-
taient. Il faisait des sondages et relevait soigneu-
sement les côtes déchiquetées de ces endroits
affreux. Quelques sarcelles, quelques mélancoliques canards y faisaient parfois entendre leurs
cris d'exilés. Des rivières découpaient les terres,
mais participant, elles aussi, à l'immense désola-

tion de la contrée, elles ne laissaient couler qu'une eau grasse et saumâtre.

Les vaisseaux doublèrent le cap Rond et le cap Forward, qui forme la pointe la plus méridionale de l'Amérique, et allèrent mouiller le 17 décembre dans une petite baie où Bougainville avait été faire en 1765 un chargement de bois pour les Malouines et à laquelle l'équipage de *l'Aigle* avait donné le nom de son commandant. Il y avait fait construire à cette époque une cabane d'écorce, à l'intérieur de laquelle il avait laissé quelques présents pour les sauvages que le hasard y conduirait. Au-dessus de la cabane, il avait attaché un pavillon blanc. La cabane était détruite, le pavillon et les présents avaient disparu.

Bougainville connaissait déjà l'endroit, et, sachant qu'il y trouverait l'eau et le bois nécessaires à la continuation du voyage, décida d'y séjourner jusqu'à la fin du mois et fit établir un camp à terre. On procéda immédiatement aux réparations dont les vaisseaux avaient besoin. Dès le débarquement, M. de Commerson avait commencé ses herborisations, au cours desquelles il avait l'illustre compagnie du prince de Nassau. La froide austérité du paysage ne l'assombrissait point, car, possédé par la fièvre du chercheur, il enrichissait ses collections de plantes inconnues. Donc, pour lui, le paysage était admirable.

A la baie de Bougainville, le climat était particulièrement détestable, bien que l'on fût, dans ces régions, au cœur de l'été. Le vent, la pluie, la grêle, la neige, en un mot toute la gamme des fureurs atmosphériques s'égrenait sur ces lieux maudits. Pour parfaire l'agrément du séjour, aucun gibier et aucun poisson. Seul, un pauvre petit renard semblable aux renards d'Europe se présenta aux coups meurtriers des navigateurs.

Bougainville, acompagné d'une partie de son état-major, explorait les environs, à bord de la chaloupe de la *Boudeuse*. Il relevait toutes les côtes et pénétrait dans l'embouchure des petites rivières qui sillonnent l'archipel de la Terre de Feu. Fidèle à son habitude, il notait en détail le fruit de ses observations qui devaient constituer de précieuses instructions pour les marins qui s'aventureraient après lui dans le sombre détroit. Il indiqua tous les mouillages possibles et nomma de nombreuses baies qui n'avaient pas encore d'appellation sur les cartes. Un jour, sur la pointe basse d'une baie, il aperçut une horde de sauvages qu'il reconnut pour être celle qu'il avait vue lors de son premier voyage dans le détroit. « Nous les avions alors nommés « Pécherais », écrivit-il dans son journal, parce que ce fut le premier mot qu'ils prononcèrent en nous abordant, et que sans cesse ils nous le répétaient, comme les Patagons répètent le mot *chaoua*. La même cause nous a fait leur laisser cette fois le même nom. »

Bougainville découvrit des îlots, des cascades et des montagnes. Une petite ascension qu'il fit lui permit d'avoir une vue assez nette de cette partie de la Terre de Feu qui lui parut n'être « qu'un amas informe de grosses îles inégales, élevées, monstrueuses et dont les sommets sont couverts d'une neige éternelle*».

Le 31 décembre, les réparations étant terminées, le bois et l'eau embarqués, les vaisseaux continuèrent leur route dans le détroit avec des temps « dont le plus mauvais hiver de Paris ne donne pas l'idée ». L'année nouvelle débutait dans la tempête.

Le 6 janvier, alors que la *Boudeuse* et *l'Étoile* étaient à l'ancre dans une baie nommée la baie Fortescu, quatre pirogues de sauvages parurent à la pointe du cap Galant.

L'une des pirogues vogua vers la frégate et, après une demi-heure d'hésitation, elle l'aborda avec des cris redoublés de «*Pécherais*». «Il y avait dedans, raconta Bougainville, un homme, une femme et deux enfants. La femme demeura dans la pirogue pour la garder, l'homme monta seul à bord avec assez de confiance et d'un air fort gai. Deux autres pirogues suivirent l'exemple de la première et les hommes entrèrent dans la frégate avec les enfants. Bientôt ils y furent fort à leur aise. On les fit chanter, danser, entendre des instruments, et surtout manger, ce dont ils s'acquittèrent avec grand appétit. Tout leur était bon : pain, viande salée, suif, ils dévoraient ce qu'on leur présentait. Nous eûmes même assez de peine à

nous débarrasser de ces hôtes dégoûtants et incom-
modes, et nous ne pûmes les déterminer à rentrer
dans leurs pirogues qu'en y faisant porter à leurs
yeux des morceaux de viande salée. Ils ne témoignèrent aucune surprise ni à la vue des navires
ni à celle des objets divers qu'on y offrit à leurs
regards ; c'est sans doute que, pour être surpris de
l'ouvrage des arts, il en faut avoir quelques idées
élémentaires. Ces hommes bruts traitaient les
chefs-d'œuvre de l'industrie humaine comme ils
traitent les lois de la nature et ses phénomènes. »

La description que Bougainville fit de ces indigènes de la Terre de Feu n'est point particulièrement empreinte de lyrisme ni d'optimisme philo-
sophique. Il n'éprouva point à l'égard de ces déshé-
rités du globe l'enthousiasme que Jean-Jacques
Rousseau, dont il était cependant un fervent lecteur, fait éclater en évoquant l'état primitif des
hommes. Et pourtant il était impossible de rencontrer des êtres plus primitifs que les « Pécherais ».

« Ces sauvages, écrivit Bougainville, sont petits,
vilains, maigres et d'une puanteur insupportable.
Ils sont presque nus, n'ayant pour vêtement que
de mauvaises peaux de loups marins trop petites
pour les envelopper, peaux qui servent également
de toits à leurs cabanes et de voiles à leurs pirogues.
Leurs femmes sont hideuses, et les hommes semblent avoir pour elles peu d'égards. Ce sont elles
qui voguent dans leurs pirogues et qui prennent

soin de les entretenir ; à terre, elles ramassent le
bois et les coquillages sans que les hommes prennent aucune part au travail. Les femmes mêmes
qui ont des enfants à la mamelle ne sont pas
exemptes de ces corvées. Elles portent sur le dos
les enfants pliés dans la peau qui leur sert de
vêtement... Ces sauvages habitent pêle-mêle,
hommes, femmes et enfants, dans les cabanes au
milieu desquelles est allumé le feu. Ils se nour-
rissent principalement de coquillages. J'ai observé
qu'ils avaient tous les dents gâtées, et je crois
qu'on en doit attribuer la cause à ce qu'ils mangent
les coquillages brûlants, quoique à moitié crus.
Au reste, ils paraissent assez bonnes gens ; mais
ils sont si faibles qu'on est tenté de ne pas leur en
savoir gré. Nous avons pu remarquer qu'ils sont
superstitieux et croient à des génies malfaisants ;
aussi, chez eux, les mêmes hommes qui en con-
jurent l'influence sont en même temps médecins
et prêtres. De tous les sauvages que j'ai vus dans
ma vie, les Pécherais sont les plus dénués de tout :
ils sont exactement dans ce qu'on peut appeler
l'état de nature ; et, en vérité, si l'on devait plaindre
le sort d'un homme libre et maître de lui-même,
sans devoirs et sans affaires, content de ce qu'il a
parce qu'il ne connaît pas mieux, je plaindrais ces
hommes qui, avec la privation de ce qui rend la
vie commode, ont encore à souffrir la dureté du
plus affreux climat de l'univers. »

Bougainville, imbu malgré tout des idées du

philosophe genevois, découvrit dans ce petit groupe
d'êtres barbares les germes des vices inhérents à
toute société, fût-elle primitive ou civilisée.

« Ces Pécherais, dit-il, forment aussi la société
d'hommes la moins nombreuse que j'aie rencontrée
dans toutes les parties du monde ; cependant, on
trouve parmi eux des charlatans. C'est que, dès
qu'il y a ensemble plus d'une famille, et j'entends
par famille père, mère et enfants, les intérêts
deviennent compliqués, les individus veulent
dominer ou par la force ou par l'imposture : le
nom de famille se change alors en celui de société ;
et fût-elle établie au milieu des bois, ne fût-elle
composée que de cousins germains, un esprit
attentif y découvrira le germe de tous les vices
auxquels les hommes rassemblés en nations ont,
en se poliçant, donné des noms ; vices qui font
naître, mouvoir et tomber les plus grands empires.
Il s'ensuit du même principe que dans les sociétés
dites policées, naissent des vertus dont les hommes
voisins encore de l'état de nature ne sont pas
susceptibles. »

*
* *

Les Pécherais manifestaient la plus grande sympathie pour les Français. Ils faisaient en leur
honneur une toilette d'apparat qui consistait à se
barbouiller le corps de taches rouges et blanches,
ce qui n'ajoutait rien à leurs charmes physiques.
Ils invitaient les voyageurs à venir dans leurs

cabanes et, avec mille signes d'amitié, leur offraient des moules qu'ils suçaient délicatement avant de les présenter à leurs hôtes. On leur offrit de petits présents, dont ils remercièrent en chantant et en dansant d'une manière qui n'eût probablement pas été appréciée à la cour de Versailles.

Un accident mit fin à ces manifestations de joie. La victime en fut un jeune sauvage d'environ douze ans, « le seul de toute la bande, dit Bougainville, dont la figure fût intéressante à nos yeux ». Le pauvre enfant était venu à bord de *l'Étoile* et on lui avait donné des morceaux de verre et de glace qu'il s'empressa de mâcher et d'avaler une fois qu'il fut à terre. Aussitôt le sang lui jaillit de la bouche en grande abondance. Les sauvages soupçonnèrent les étrangers d'avoir jeté un sort sur l'enfant et manifestèrent aussitôt la plus grande méfiance. Un jongleur s'empara du petit garçon qui poussait d'affreux cris de douleur et l'étendit sur le dos dans une des cabanes. « S'étant mis à genoux entre ses jambes, raconta Bougainville, il se courbait sur lui, et avec la tête et les deux mains, il lui pressait le ventre de toute sa force, criant continuellement sans qu'on pût distinguer rien d'articulé dans ses cris. De temps en temps, il se levait et, paraissant tenir le mal dans ses mains jointes, il les ouvrait tout d'un coup en l'air en soufflant comme s'il eût voulu chasser quelque mauvais esprit. Pendant cette cérémonie, une vieille femme en pleurs hurlait dans l'oreille du malade à le rendre sourd. Ce malheureux cependant paraissait souffrir autant du remède que de son mal. Le jongleur lui donna quelque trêve pour aller prendre sa parure de cérémonie ; ensuite, les cheveux poudrés et la tête ornée de deux ailes blanches assez semblables au bonnet de Mercure, il recommença ses fonctions avec plus de confiance et tout aussi peu de succès. L'enfant alors paraissant plus mal, notre aumônier lui administra furtivement le baptême. »

Bougainville, accompagné de M. de la Porte, chirurgien en chef de l'expédition, s'était rendu près du petit malade. Il fit entendre au père que l'enfant devait boire du lait et de la tisane de miel que le chirurgien avait apportés. Pour leur donner confiance, il en but lui-même à plusieurs reprises, ainsi que M. de la Porte. Intensément humain, il avait le cœur déchiré de voir souffrir la pauvre petite créature et il maudissait les superstitions barbares de ces sauvages qui permettaient à des charlatans de martyriser ainsi leur victime, dont le corps était tout meurtri par l'odieux massage. Un autre jongleur, paré des mêmes ornements, s'était joint au premier et triturait le ventre, les cuisses, le dos de l'enfant avec force invocations et conjurations. « La douleur du père et de la mère, raconta Bougainville, leurs larmes, l'intérêt vif de toute la bande, intérêt manifesté par des signes non équivoques, la patience de l'enfant nous donnèrent le spectacle le plus attendrissant.

Les sauvages s'aperçurent sans doute que nous partagions leur peine ; du moins, leur méfiance sembla-t-elle diminuée. Ils nous laissèrent approcher du malade, et le major examina sa bouche ensanglantée que son père et un autre Pécherais suçaient alternativement. »

Malgré l'absorption du lait et de la tisane émolliente, l'enfant continuait ses vomissements de sang. A l'entrée de la nuit, Bougainville et ses compagnons regagnèrent les vaisseaux. A deux heures du matin, des hurlements affreux éclatèrent sur le rivage et, au point du jour, malgré un temps épouvantable, les sauvages s'enfuirent dans leurs pirogues, « fuyant sans doute un lieu souillé par la mort et des étrangers funestes qu'ils croyaient n'être venus que pour les détruire ».

Peu de temps après ce triste incident, les navires appareillèrent. Les difficultés de la navigation augmentèrent. La *Boudeuse* faillit s'échouer et son ancre se brisa sur un rocher. Le vent élevait dans le canal de gigantesques tourbillons d'eau. Un formidable coup de tonnerre résonna dans l'effroyable solitude. Des nuages sinistres couraient dans les cieux et un jour blafard versait sur le paysage comme une terreur d'Apocalypse. « Le caractère le plus gai, nota Bougainville, serait flétri dans ce climat affreux que fuient également les animaux de tous les éléments, et où languit une poignée d'hommes que notre commerce venait de rendre encore plus infortunés. »

Quand, par hasard, le vent se calmait un peu, ce n'était que pour rassembler toute sa furie et fondre sur les navigateurs « avec plus d'impétuosité ». Les vaisseaux doublèrent le cap Quade et s'engagèrent entre des rives bordées de rochers arides et de vallées profondes remplies par d'immenses amas de glaces « dont la couleur atteste l'antiquité ». Le navigateur anglais Narborough, « frappé, dit Bougainville, de cet horrible aspect, nomma cette partie « la Désolation du Sud » ; aussi ne saurait-on rien imaginer de plus affreux ».

Enfin, le canal s'élargit peu à peu et l'on aperçut dans le lointain le cap des Piliers et des Évangélistes qui marque l'entrée occidentale du détroit. Cent quatorze lieues avaient été franchies depuis le cap des Vierges qui en constitue l'entrée orientale. Il avait fallu cinquante-deux jours aux vaisseaux pour accomplir cette terrible traversée. L'endurance des équipages avait été admirable. Aucune plainte, aucun malade.

Tout à coup, un cri de joie et d'extase jaillit de toutes les poitrines. Dans un magique décor de soleil, un immense horizon apparaissait aux yeux éblouis des navigateurs. Toutes les sinistres visions d'hier s'évanouissaient, toutes les souffrances, tous les dangers, tous les pièges tendus par la mort, tout cela s'effondrait dans l'oubli. L'espoir rayonnait au cœur des intrépides marins, puisque devant eux s'étalait, lumineuse et tranquille, la splendeur bleue du Pacifique.

CHAPITRE IX

Premières découvertes et arrivée à Taïti

La *Boudeuse* et l'*Étoile* voguaient maintenant sur la vaste mer du Sud, si pleine d'inconnu et de mystère. Les deux vaisseaux, obéissant aux ordres de Bougainville, se tenaient pendant la journée à une assez grande distance l'un de l'autre, sans toutefois se perdre de vue. Cette disposition avait été prise afin que le plus grand espace de mer fût exploré par les navigateurs.

Bougainville avait dirigé sa course vers le nord-ouest. Pendant trois semaines, le voyage se poursuivit sans qu'aucune terre fût aperçue. Au sortir du détroit, une épidémie de maux de gorge avait sévi parmi l'équipage et quelques matelots avaient été atteints du scorbut, ce fléau des marins. Grâce aux remèdes énergiques qui leur furent donnés, les malades eurent vite fait de se rétablir. Un triste accident survint le 3o janvier. Un matelot tomba à la mer et ne put être sauvé, malgré tous les efforts de ses camarades.

Le 22 février, quatre îlots et une petite île apparurent à l'horizon. Lecteur passionné d'Antoine

Hamilton, Bougainville appela ces îlots « les Quatre Facardins », titre d'un conte délicieux de son auteur favori. N'était-ce pas caractéristique de l'élégance d'esprit de Bougainville que l'évocation de ce souvenir littéraire faite au milieu de l'immensité pour baptiser quelques îlots perdus dans l'océan ?

Les vaisseaux se dirigèrent vers la petite île dont les côtes riantes semblaient inviter les voyageurs à une seule escale. « La verdure charmait nos yeux, écrivit Bougainville, et les cocotiers nous offraient partout leurs fruits et leur ombre sur un gazon émaillé de fleurs, des milliers d'oiseaux voltigeaient autour du rivage et semblaient annoncer une côte poissonneuse : on soupirait après la descente. » Malheureusement, il n'y avait pas d'endroit possible pour le mouillage. Il fallut renoncer à la descente rêvée. Du reste, si le pays était accueillant, ses habitants paraissaient l'être moins. On vit apparaître, en effet, sur le rivage une vingtaine de sauvages nus, portant des lances très longues qu'ils agitèrent vis-à-vis des vaisseaux d'une façon menaçante. Cette démonstration belliqueuse permit à Bougainville de dénommer l'endroit l' « île des Lanciers ».

Le lendemain, les vaisseaux s'approchèrent d'une autre petite terre, qu'à cause de sa forme, Bougainville baptisa l' « île de la Harpe ». Cette île était habitée par des indigènes aussi aimables que leurs voisins et qui brandirent furieusement d'interminables piques, dont les pointes étaient tournées vers les grands bâtiments qui venaient troubler la sérénité de leur horizon.

*
* *

Pendant plusieurs jours, la navigation se poursuivit au milieu d'îles basses et en partie noyées par la mer. Les voyageurs en comptèrent onze, toutes inabordables, et Bougainville les désigna sous le nom d' « Archipel Dangereux », se hâtant de sortir de ces parages, si pleins de périls pour les vaisseaux. Le beau temps fit place à une pluie incessante qui eut pour résultat de ramener le scorbut, l'humidité étant un des principes les plus actifs de cette maladie. Une dizaine de matelots en furent atteints. Bougainville fit prendre avec succès contre le fléau toutes les dispositions curatives et préventives imaginables.

Le 2 avril, une haute montagne escarpée se dressa dans le lointain. Elle fut aussitôt baptisée par le chef de l'expédition le « Boudoir » ou le pic de la « Boudeuse ».

Dans la nuit du 3 au 4, des feux brillèrent sur une côte qui se découvrit avec netteté à l'aurore. Du fond d'une baie, quelques pirogues s'avancèrent vers les vaisseaux, puis, de toutes les parties de l'île, d'autres pirogues s'élancèrent gracieuses et légères au-devant de la *Boudeuse* et de *l'Etoile*.

« L'une d'elles, raconta Bougainville, précédait les autres. Elle était conduite par douze hommes nus qui nous présentèrent des branches de bananiers, et leurs démonstrations attestaient que c'était là le rameau d'olivier. Nous leur répondîmes par tous les signes d'amitié dont nous pûmes aviser ; alors ils accostèrent le navire, et l'un d'eux, remarquable par son énorme chevelure hérissée en rayons, nous offrit avec son rameau de paix un petit cochon et un régime de bananes. Nous ácceptâmes son présent qu'il attacha à une corde qu'on lui jeta ; nous lui donnâmes des bonnets et des mouchoirs, et ces premiers présents furent le gage de notre alliance avec ce peuple. »

Comme par enchantement, les pirogues se multipliaient. Une centaine environnaient maintenant les deux vaisseaux. Les indigènes offraient bruyamment aux Français des noix de coco, des bananes et d'autres fruits exotiques. On leur donnait en échange des clous et des bagatelles. Ce commerce spontané se faisait avec la plus entière bonne foi de part et d'autre.

Bougainville décida de relâcher dans un lieu où les habitants semblaient d'une nature si hospitalière. En outre, le paysage qui se présentait aux yeux des navigateurs avait un charme vraiment exquis que Bougainville traduisit en un style délicat : « L'aspect de cette côte, élevée en amphithéâtre, dit-il, nous offrait le plus riant spectacle. Quoique les montagnes y soient d'une grande hauteur, le rocher n'y montre nulle part son aride nudité; tout y est couvert de bois. A peine en crûmes-nous nos yeux lorsque nous découvrîmes un pic chargé d'arbres jusqu'à sa cime isolée qui s'élevait au milieu des montagnes, dans l'intérieur de la partie méridionale de l'île. On l'eût pris de loin pour une pyramide d'une hauteur immense que la main d'un décorateur habile aurait parée de guirlandes de feuillage. Les terrains moins élevés sont entrecoupés de prairies et de bosquets, et, dans toute l'étendue de la côte, il règne, sur les bords de la mer, au pied du pays haut, une lisière de terre basse et unie, couverte de plantations. C'est là qu'au milieu des bananiers, des cocotiers et d'autres arbres chargés de fruits, nous apercevions les maisons des insulaires. Comme nous prolongions la côte, nos yeux furent frappés de la vue d'une belle cascade qui s'élançait du haut des montagnes et précipitait à la mer ses eaux écumantes. »

Pendant deux jours, les vaisseaux louvoyèrent le long des côtes à la recherche d'un mouillage convenable. Enfin, le 6 avril, une baie favorable fut rencontrée et un séjour charmant, qui ne fut pas toutefois exempt d'incidents fâcheux, allait s'offrir aux navigateurs sur les bords de cette île enchanteresse qui n'était autre que la divine Taïti.

*
**

Avant même que les navires fussent à l'ancre, les innombrables pirogues les avaient enveloppés de leur cercle mouvant. Les très sociables et très commerçants indigènes continuaient d'offrir leur marchandise comestible à laquelle ils avaient ajouté des poules, des pigeons, des instruments pour la pêche, des haches de pierre et des étoffes bizarres. Ils demandaient en échange du fer et des pendants d'oreilles.

Les Français s'amusaient follement de tout ce marché et de toute cette intensité de vie dont ils avaient été privés depuis de longues semaines. Tout à coup, l'extase succéda au plaisir. Dans quelques pirogues, des femmes étaient apparues, gracieuses et jolies, délicieusement souriantes. Un petit chapeau de jonc couvrait leur tête fine et ombrageait délicatement leur visage légèrement bruni qu'éclairaient de grands yeux veloutés et où scintillaient entre des lèvres de corail des dents d'une merveilleuse blancheur. Quant à leur costume, il était comme celui des hommes qui n'en portaient point. De minces étoffes très mobiles couvraient cependant quelques-unes des Taïtiennes. Des sentiments tumultueux agitèrent le cœur des marins, en présence de ces déesses indigènes au corps harmonieux et splendide, « dont les contours, nota Bougainville, n'ont point été défigurés par quinze ans de torture ».

*
* *

Les vaisseaux amarrèrent au milieu d'une foule de pirogues d'où jaillissait le cri maintes fois répété de *tayo*, qui veut dire « ami » en langue taïtienne. Un insulaire monta à bord de *l'Étoile* et y passa la nuit, en exprimant par ses gestes la satisfaction de l'accueil qu'il avait reçu. La sociabilité semblait décidément être une des caractéristiques de ce peuple aimable.

Une fois que les navires eurent jeté l'ancre, Bougainville descendit à terre avec plusieurs de ses officiers, afin de reconnaître un lieu propre à faire de l'eau et aussi un endroit propice à l'établissement d'un camp.

« Nous fûmes reçus, raconta-t-il, par une foule d'hommes et de femmes qui ne se lassaient point de nous considérer ; les plus hardis venaient nous toucher, ils écartaient même nos vêtements, comme pour vérifier si nous étions absolument faits comme eux : aucun ne portait d'armes, pas même de bâtons. Ils ne savaient comment exprimer leur joie de nous recevoir. Le chef de ce canton nous conduisit dans sa maison et nous y introduisit. Il y avait dedans cinq ou six femmes et un vieillard vénérable. Les femmes nous saluèrent en portant la main sur la poitrine, et criant plusieurs fois *tayo*. Le vieillard était père de notre hôte. Il n'avait du grand âge que ce caractère res-

pectable qu'impriment les ans sur une belle figure :
sa tête ornée de cheveux blancs et d'une longue
barbe, tout son corps nerveux et rempli, ne montraient aucune ride, aucun signe de décrépitude.
Cet homme vénérable parut s'apercevoir à peine
de notre arrivée ; il se retira même sans répondre
à nos caresses, sans témoigner ni frayeur, ni étonnement, ni curiosité, fort éloigné de prendre part
à l'espèce d'extase que notre vue causait à tout ce
peuple, son air rêveur et soucieux semblait
annoncer qu'il craignait que ses jours heureux
écoulés pour lui dans le sein du repos ne fussent
troublés par l'arrivée d'une nouvelle race. »

Le chef taïtien, dont le nom était Ereti, invita
Bougainville et ses compagnons à un repas cham-
pêtre. On s'assit sur l'herbe devant la maison, et,
dans un riant décor de verdure, se déroula le
festin composé de fruits, de poisson grillé et d'une
eau fraîche et limpide. Ereti fit, au cours du repas,
des distributions d'étoffes à ses invités et il passa
au cou de Bougainville, ainsi qu'à celui du chevalier d'Oraison, un collier d'osier recouvert de
plumes noires et de dents de requins. Les deux
Français acceptèrent avec des signes de vive reconnaissance ce don magnifique et gênant. Tout à
coup, le chevalier de Suzannet, qui était un des
invités du chef taïtien, constata la disparition d'un
de ses pistolets qu'un indigène lui avait subtilisé
avec une adresse digne d'éloges. Ereti fit fouiller—
autant qu'on peut fouiller des gens sans costume—

tous ses compatriotes présents. Ce fut en vain.
« Nous arrêtâmes ses recherches, raconta Bougainville, en tâchant seulement de lui faire comprendre
que l'auteur du vol pourrait être la victime de sa
friponnerie et que son larcin lui donnerait la
mort. »

Puis, en grand cortège, les Français furent
reconduits à leurs canots. En route, ils furent
arrêtés par un insulaire « d'une belle figure » qui
leur chanta une douce complainte aux accompa-
gnements d'une flûte d'où un musicien tirait des
sons en y soufflant avec le nez. Quatre Taïtiens
vinrent souper et coucher à bord des vaisseaux, où
on leur offrit un concert suivi d'un feu d'artifice
qui leur causa « une surprise mêlée d'effroi ».

Le lendemain, Ereti vint à bord avec un cochon,
des poules et le pistolet qui avait disparu la veille
dans son jardin hospitalier.

*
* *

Bougainville prit aussitôt ses dispositions pour
établir un camp et un hôpital près du rivage. En
voyant les préparatifs du campement, Ereti et les
autorités locales manifestèrent un certain mécontentement et tinrent conseil. A l'issue de la réunion, Ereti vint expliquer aux étrangers qu'ils
étaient libres de venir à terre à leur gré pendant
le jour, mais que la nuit ils devaient coucher à
bord de leurs vaisseaux. Bougainville insista sur

l'établissement du camp en faisant comprendre
que ce dernier était nécessaire « pour faire de
l'eau, du bois, et rendre plus faciles les échanges
entre les deux nations ». Il y eut alors un second
conseil, après lequel Ereti demanda à Bougainville s'il comptait rester toujours dans l'île. Celui-
ci, à l'aide de petits cailloux, expliqua que son
séjour durerait dix-huit jours. Une nouvelle con-
férence eut lieu. Neuf cailloux furent montrés à
Bougainville qui tint bon pour ses dix-huit. Bref,
tout s'arrangea et satisfaction fut donnée au commandant français. La joie régna de nouveau.

Ereti offrit même un hangar immense tout près
d'une rivière. Bougainville fit dresser sous ce
hangar les tentes pour les scorbutiques qui étaient
maintenant au nombre de trente-quatre. Une
garde de trente soldats fut constituée, garde très
nécessaire pour empêcher la foule admiratrice de
pénétrer dans le vaste bâtiment. Bougainville
passa à terre la première nuit, en compagnie
d'Ereti qui voulut coucher sous une tente. Avec
beaucoup de tact, il apporta son souper. Après le
repas, il réclama un feu d'artifice. Bougainville
accéda à sa demande et fit, en son honneur, tirer
des fusées qui « lui firent au moins autant de
peur que de plaisir ».

Tel fut le premier contact des Français avec les
indigènes de l'île merveilleuse que Bougainville
allait bientôt, et pour cause, baptiser du nom
suggestif et charmant de « Nouvelle-Cythère ».

CHAPITRE X

La Nouvelle=Cythère

La relâche des Français à la Nouvelle-Cythère ne dura que huit jours, mais ces huit jours furent, en dépit de quelques fâcheux incidents, remplis d'heures si parfaitement radieuses qu'ils parurent aux navigateurs comme une éternité de délices.

Bougainville avait, malgré ces douceurs de la vie taïtienne, décidé d'abréger le séjour dans l'île, à cause des dangers sérieux que le mouillage présentait pour les vaisseaux. Les récifs dont était parsemée la baie faisaient craindre à tout instant que la coque des navires ne se brisât contre eux. Le 15 avril, en levant l'ancre, la *Boudeuse* faillit sombrer contre les rochers et ne fut sauvée que par l'arrivée des canots et des chaloupes qui purent la remorquer, alors qu'entraînée par la marée et par une grosse lame, elle n'était plus qu'à cinquante toises des récifs.

« Le pis-aller des naufrages qui nous avaient menacés jusqu'ici, écrivit Bougainville, avait été de passer nos jours dans une île embellie de tous les dons de la nature et de changer les douceurs

de notre patrie contre une vie paisible et exempte
de soucis. Mais ici, le naufrage se présentait sous
un aspect plus cruel; le vaisseau porté rapidement
sur les récifs, n'y eût pas résisté deux minutes à
la violence de la mer, et quelques-uns des meilleurs nageurs eussent à peine sauvé leur vie. »

*
* *

Chaque jour, les insulaires apportaient au camp
« des fruits, des poules, des cochons, du poisson
et des pièces de toile qu'ils échangeaient contre
des clous, des outils, des perles fausses, des bou-
tons et mille autres bagatelles qui étaient des trésors pour eux ». Ils mettaient tout en œuvre pour
être agréables aux étrangers. Ils aidaient M. de
Commerson, qui avait retrouvé son sourire ter-
restre, à cueillir des plantes magnifiques et ils
ramassaient des coquilles de toute beauté. Ils transportaient aussi le bois jusqu'aux canots. Leur
complaisance était inlassable. On les récompensait
avec des clous pour lesquels ils avaient une prédilection particulière.

Le capitaine anglais Wallis qui, à bord du *Del-
phin*, avait huit mois auparavant relâché à Taïti,
fait qu'ignorait alors Bougainville, leur avait
appris l'usage du fer.

Les Taïtiens, qui semblaient avoir reçu de la
nature les dons les plus précieux, avaient des
notions assez vagues concernant la propriété

L'ILE DE TAHITI.

d'autrui. « Il fallait, nota Bougainville, sans cesse avoir l'œil à tout ce qu'on apportait à terre, à ses poches même; car il n'y a point en Europe de plus adroits filous que les gens de ce pays. Cependant, il ne semble pas que le vol soit ordinaire entre eux. Rien ne ferme dans leurs maisons, tout y est à terre ou suspendu, sans serrure ni gardien. Sans doute la curiosité pour les objets nouveaux excitait en eux de violents désirs, et d'ailleurs il y a partout de la canaille. »

Les Taïtiens volaient, avec un art consommé, les choses les plus invraisemblables. Deux fusils et une grande chaudière disparurent du camp, sans que les sentinelles s'en fussent le moins du monde aperçues. Un officier de *l'Étoile* goûtait un jour le charme du paysage. Il était assis à terre et tenait son épée sous le bras. Un insulaire passa. Avec une dextérité qu'eût enviée le plus habile pickpocket de Paris ou de Londres, il subtilisa l'épée. L'officier courut après le voleur qui lui jeta le fourreau au nez et disparut en brandissant triomphalement la lame nue.

Des chemises et des mouchoirs s'évanouissaient comme par magie. Chaque visite des indigènes à bord était marquée par une soustraction quelconque. Des draps, des pelles, des cordages, tout leur était bon. Bougainville lui-même fut victime d'un vol assez original. Un vénérable vieillard vint à bord de la *Boudeuse* accompagné de ses trois filles. Bougainville les reçut dans sa chambre

et le vieillard, avec les signes d'un grand respect,
fit entendre au commandant français qu'il serait
heureux et fier si celui-ci voulait bien accepter ses
trois filles en mariage. Avec des gestes courtois
et navrés, Bougainville fit entendre au père généreux que ses obligations ne lui permettaient point
d'accepter cette offre tentante de trinité conju-
gale. Et l'aimable quatuor s'en alla. A peine les
visiteurs eurent-ils quitté le vaisseau que Bougainville s'aperçut que sa lunette achromatique avait
été escamotée pendant la discussion matrimoniale.
Il envoya aussitôt un canot à la poursuite de la
pirogue. Se doutant que son larcin avait été découvert, le vieillard vint à la rencontre du canot et,
avec le naturel le plus parfait, remit aux matelots
la très précieuse lunette.

Ce penchant des insulaires à la rapine n'assombrissait nullement leurs bonnes relations avec les
Français. « Au vol près, écrivit Bougainville,
tout se passait de la manière la plus aimable.
Chaque jour nos gens se promenaient dans le
pays, sans armes, seuls ou par petites bandes. On
les invitait à entrer dans les maisons, on leur y
donnait à manger. J'ai plusieurs fois été me promener dans l'intérieur. Je me croyais transporté
dans le jardin d'Éden : nous parcourions une
plaine de gazon, couverte de beaux arbres fruitiers
et coupée de petites rivières qui entretiennent une
fraîcheur délicieuse, sans aucun des inconvénients
qu'entraîne l'humidité. Un peuple nombreux y

jouit des trésors que la nature verse à pleines mains sur lui. Nous trouvions des troupes d'hommes et de femmes assises à l'ombre des vergers ; tous nous saluaient avec amitié ; ceux que nous rencontrions dans les chemins se rangeaient à côté pour nous laisser passer ; partout nous voyions régner l'hospitalité, le repos, une joie douce et toutes les apparences du bonheur. »

Ce tableau idyllique n'avait rien d'exagéré. C'était, en effet, un jardin d'Éden que cette île enchantée, épanouie comme un sourire dans les eaux bleues du Pacifique. Les matins y avaient d'irréelles transparences, la splendeur des midis s'y auréolait d'un or féerique et les crépuscules y enveloppaient les choses d'un rose immatériel. Toute une gamme d'indéfinissables couleurs s'égrenait dans l'infini du ciel. Sur la terre, ce n'était qu'un tapis de luxuriante verdure posé par quelque prestigieux magicien sur les montagnes et sur les plaines. De légères cascades bondissaient au flanc des collines et de charmantes rivières coulaient avec un murmure cristallin entre des rives délicieusement fleuries. De fertiles plantations s'étalaient tout au long d'étroites vallées et de gracieuses cabanes se dressaient entourées d'arbrisseaux odorants. Les sveltes palmiers aux larges branches, les hauts cocotiers dont la cime portait, tels des fruits merveilleux, des perruches aux plumes de saphir, les riches bananiers où juchaient de verts martins-pêcheurs et de blanches colombes, les gardénias et les guettardos, arbres et fleurs s'épanouissaient somptueusement sous l'azur lumineux d'un ciel de rêve.

Dans ce paysage, où les anciens eussent situé leurs Champs Élysées, évoluaient des hommes aux formes admirables, d'une taille qui dépassait souvent six pieds et dont Bougainville disait : « Pour peindre Hercule et Mars, on ne trouverait nulle part d'aussi beaux modèles. » Quant aux femmes, elles ravissaient les yeux et les cœurs. Chacun de leurs gestes était une harmonie. Nausicaa n'avait pas plus de grâce et Calypso plus de charme enjôleur que les Èves brunes de cet Éden. Leur vertu n'était point farouche et Vénus était leur déesse. Coquettes comme les femmes d'Europe, elles s'ornaient les oreilles de perles ou de fleurs. « Tandis qu'en Europe, nota Bougainville, les femmes se peignent en rouge les joues, celles de Taïti se peignent les reins d'un bleu foncé ; c'est une parure et en même temps une marque de distinction. Les hommes sont soumis à la même mode... Ici, une douce oisiveté est le partage des femmes et le soin de plaire leur plus sérieuse occupation. Cette habitude de vivre continuellement dans le plaisir donne aux Taïtiens un penchant marqué pour cette douce plaisanterie, fille du repos et de la joie. Ils en contractent aussi dans le caractère une légèreté dont nous étions tous les jours étonnés. Tout les frappe, rien ne les occupe ; au milieu des objets nouveaux que nous leur présentions, nous n'avons jamais réussi à fixer deux minutes de suite l'attention d'aucun d'eux. Il semble que la moindre réflexion leur soit un travail insupportable, et qu'ils fuient encore plus les fatigues de l'esprit que celles du corps. »

Bougainville, certes, ne blâmait point les heureux habitants de la Nouvelle-Cythère de cette douce nonchalance. Puisque la nature avait mis à leur portée tous ses trésors, pourquoi se seraient-ils épuisés en efforts superflus quand ils n'avaient qu'à tendre la main pour les cueillir? Au fond, ces insulaires ne réalisaient-ils point l'idéal que Rousseau se faisait de « l'homme sauvage »? Bougainville avait lu le « Discours sur l'origine et les fondements de l'inégalité parmi les hommes» et il se souvenait que le philosophe de Genève y avait écrit : « Qui ne voit que tout semble éloigner de l'homme sauvage la tentation et les moyens de cesser de l'être? Son imagination ne lui peint rien ; son cœur ne lui demande rien. Ses modiques besoins se trouvent si aisément sous sa main, et il est si loin du degré de connaissances nécessaires pour désirer d'en acquérir de plus grandes qu'il ne peut avoir ni prévoyance ni curiosité. »

En voyant la vie idyllique, sans soucis et sans préjugés, sans pudeur et sans vices, sans excès et sans maladies, sans besoin et sans haine que menaient les indigènes de Taïti, Bougainville se demandait avec Jean-Jacques Rousseau « laquelle de la vie civile ou naturelle est la plus sujette à

devenir insupportable à ceux qui en jouissent »,
et il n'était pas loin de conclure avec le philosophe qui avait écrit : « L'exemple des sauvages
qu'on a presque tous trouvés à ce point semble
confirmer que le genre humain était fait pour
rester toujours dans l'état primitif, que cet état
était la véritable jeunesse du monde et que tous
les progrès ultérieurs ont été en apparence autant
de pas vers la perfection de l'individu et, en effet,
vers la décrépitude de l'espèce. »

*
* *

Bougainville ne manqua point de se renseigner
sur toutes les coutumes et sur la religion des
Taïtiens. Cette dernière l'intéressa particulièrement. Il apprit qu' « indépendamment d'un
être supérieur nommé *Eri-t-Era*, le Roi du Soleil
ou de la Lumière, être qu'ils ne représentent par
aucune image matérielle, les Taïtiens admettent
plusieurs divinités, les unes bienfaisantes, les
autres malfaisantes ». Ils appellent indistincte-
ment ces divinités du nom de *Eatoua*. Ce sont
elles qui président à toutes les actions de la vie et
qui décident du succès ou du malheur. Dans ce
doux pays, on offrait parfois aux dieux des sacrifices
humains. « De tous leurs usages, nota Bougainville, un de ceux qui me surprend le plus, c'est
l'habitude qu'ils ont de saluer ceux qui éternuent
en leur disant : *Evaroua-t-eatoua*, que le bon

eatoua te réveille, ou bien que le mauvais ne
t'endorme pas. Voilà les traces d'une origine commune avec les nations de l'ancien continent. »

*
* *

Bougainville, voulant manifester aux Taïtiens,
par des bienfaits durables, sa reconnaissance pour
leur cordiale et généreuse hospitalité, proposa à
Ereti de créer sur le sol fertile de son Éden un jardin à la manière française. Celui-ci accepta avec
joie. On bêcha la terre et on y sema du blé, de
l'orge, de l'avoine, du riz, du maïs, des oignons
et des graines potagères de toute espèce.

Une véritable confiance commençait à régner
entre les navigateurs et les insulaires, lorsque
deux incidents regrettables faillirent rompre la
bonne harmonie des relations.

Le 10 avril, un indigène fut tué d'un coup de
feu. Malgré tous ses efforts, Bougainville ne put
jamais connaître l'auteur de ce qu'il appela « cet
infâme assassinat ». Pour atténuer l'effet de ce
meurtre, il combla Ereti de présents. La cordialité
renaissait lorsque, peu de temps après, trois insulaires furent tués ou blessés dans leurs cases à
coups de baïonnette. Cette fois, l'alarme fut
répandue dans le pays. Les vieillards, les femmes
et les enfants fuyaient vers les montagnes, empor-
tant tout leur bien. La situation était grave et
Bougainville craignait une attaque des insulaires.

Il fit renforcer la garde du camp et passa une partie de la nuit à terre.

Immédiatement, il avait commencé une enquête en vue de punir les coupables. Il avait appris que quatre soldats avaient eu une discussion avec un indigène, à qui ils voulaient acheter un cochon en échange de deux clous. Le Taïtien ayant refusé, les soldats le maltraitèrent. D'autres insulaires accoururent pour défendre leur compatriote et une bagarre s'ensuivit au cours de laquelle trois indigènes furent tués ou grièvement blessés. Bougainville fit mettre aux fers à la porte du hangar les soldats qu'on soupçonnait d'avoir commis cet odieux abus de la force. Il voulait qu'un châtiment exemplaire fût infligé à ces hommes et il les aurait fait fusiller s'il avait eu des preuves absolument convaincantes de leur culpabilité. Ces preuves manquaient et Bougainville renvoya à bord les quatre soldats, à qui le parfait sentiment de justice que possédait leur chef avait sauvé la vie.

Le lendemain matin, tout paraissait désert autour du camp. Les cases avaient été abandonnées. Un silence de mauvais augure planait sur les quartiers indigènes. Il fallait s'assurer des dispositions des Taïtiens. A cet effet, le prince de Nassau, accompagné d'environ cinq hommes, se rendit à une lieue du camp. Là, il rencontra Ereti entouré d'un grand nombre d'insulaires des deux sexes. Dès que le chef eut aperçu le prince, il vint à lui d'un air consterné et l'embrassa en versant des torrents de larmes. Les femmes d'Ereti — il en avait un nombre respectable — se jetèrent aux genoux de l'auguste étranger. Elles lui baisaient les mains qu'elles inondaient de leurs pleurs et répétaient comme une lamentation : *tayo, tayo, tayo, maté*, ce qui signifiait : « Vous êtes nos amis et vous nous tuez. » Le prince de Nassau leur fit comprendre que le commandant était désolé de ce qui s'était passé, que les coupables seraient punis et que les Français voulaient conserver l'amitié des Taïtiens. Alors Ereti alla chercher une branche de feuillage et l'apporta, en signe de paix, au prince qu'il serra longuement sur sa poitrine en laissant à nouveau couler des larmes abondantes. Puis, ce fut le tour des femmes dont les jolis yeux se transformèrent en cascades. Ensuite, tout le peuple, Ereti en tête, portant le rameau de paix, revint processionnellement vers le camp. Les autres indigènes amenaient avec eux des poules, des noix de coco et des régimes de bananes. A la vue de Bougainville, les embrassades et les larmes recommencèrent. Tout le monde pleurait, mais cette fois, c'était le bonheur qui rendait tous les regards humides. Après cette joyeuse manifestation lacrymale, la paix fut définitivement scellée. Bougainville distribua aux chefs un assortiment d'étoffes de soie et des outils de toute espèce. « Les bons insulaires, dit-il, me comblèrent de caresses, le peuple applaudit à la réunion et, en peu de temps, la foule ordinaire et les filous revinrent à notre quartier qui ressemblait pas mal à une foire. »

Le lendemain, les Taïtiens demandèrent qu'on tirât en leur présence des coups de fusil et de pistolet. Les Français, se rendant à leur désir, tuèrent devant eux un cochon et firent tomber d'un seul coup de fusil deux perruches qui volaient. Cet exploit les remplit d'une sainte terreur.

Le soir de ce jour, Bougainville prit possession de la Nouvelle-Cythère au nom de Sa Majesté Très Chrétienne. Il fit graver sur une planche de chêne un acte de prise en possession. Il fit ensuite creuser la terre près du camp et y enfouit la planche, ainsi qu'une bouteille hermétiquement close dans laquelle était enfermé un parchemin où étaient écrits les noms des officiers des deux navires. Bougainville suivit cette méthode pour toutes les terres qu'il découvrit dans le cours de son voyage.

*
* *

Le jour du départ arriva. Lorsque les insulaires virent que les vaisseaux mettaient à la voile, ils vinrent en foule dans leurs pirogues faire leurs adieux aux étrangers et apporter quantité de fruits et d'autres provisions. Ereti monta à bord, bientôt suivi d'un jeune insulaire nommé Aotou-rou, qui n'avait pas la beauté des autres, mais qui s'était distingué dans ses relations avec les Français par son intelligence très vive et son extrême amabilité. Aotourou occupait un rang élevé dans l'échelle sociale de Taïti, qui avait, elle aussi, ses distinctions de classes. Il avait manifesté le désir d'accompagner les étrangers dans leur voyage et d'aller dans leur pays pour y voir les femmes blanches. Bougainville avait essayé de le dissuader de ce projet, mais Aotourou ayant insisté, il avait consenti à l'emmener en lui promettant de lui fournir les moyens de rentrer plus tard dans sa patrie. Ereti recommanda Aotourou à Bougain-ville et à tous les officiers, « disant que c'était son ami qu'il confiait à ses amis ». Puis, l'aimable chef taïtien prit congé des Français. Il embrassa tout le monde en accompagnant, bien entendu, les baisers de ses larmes dont il semblait avoir une inépuisable provision. Pendant ce temps, toutes ses femmes étaient à bord d'une pirogue, au pied de la *Boudeuse*. Elles pleuraient généreusement et se lamentaient harmonieusement. Tous les autres indigènes suivaient leur exemple. « Nous quit-tâmes ainsi ce bon peuple, écrivit Bougainville, et je ne fus pas moins surpris du chagrin que leur causait notre départ que je l'avais été de leur con-fiance affectueuse à notre arrivée. »

Puis, la *Boudeuse* et *l'Étoile* reprirent leur course à travers le Pacifique. Sur le pont des vais-seaux, les navigateurs regardaient avec regret s'évanouir dans l'horizon clair l'île merveilleuse au ciel doux et aux femmes jolies...

CHAPITRE XI

La tristesse de M. de Commerson
Découvertes des Grandes Cyclades

Seul, M. de Commerson, sur le pont de *l'Étoile*, jetait des regards courroucés sur les rives de Taïti qui s'estompaient dans la distance. Il avait tout d'abord béni la Nouvelle-Cythère pour les plantes magnifiques qu'elle lui avait abondamment fournies, mais il la maudissait maintenant pour la mésaventure qui était arrivée à son domestique Baret et qui avait lamentablement rejailli sur lui. L'éminent naturaliste sentait les rougeurs de la honte monter à ses joues qui n'avaient été enfiévrées jusque-là que par la passion des découvertes botaniques. Lui, Philibert de Commerson, homme austère et vertueux entre tous, lui qui avait, avant de quitter Paris pour cette néfaste expédition, fondé par testament un prix de vertu en créant une médaille de 200 livres destinée à récompenser chaque année « quiconque aurait fait, sans pouvoir être soupçonné d'ambition, de vanité ou d'hypocrisie, la meilleure action connue dans l'ordre moral et politique, telle, par exemple, qu'un généreux sacrifice de ses intérêts personnels », lui pour qui la science était la seule déesse, voilà qu'on l'accusait d'avoir manqué aux lois de la morale et d'avoir sacrifié à Vénus. Triste et horrible histoire qui vaut la peine d'être contée.

Dès que *l'Étoile* eut mouillé à Taïti, Aotourou monta à son bord et, apercevant le domestique fidèle de M. de Commerson, qui partageait, pour mieux veiller sur lui, la chambre de son maître, il manifesta les signes de la plus vive excitation. Baret n'avait cependant rien de remarquable. Il était âgé de vingt-six ans environ et la beauté n'agrémentait point son visage. C'était un être courageux et infatigable. Bougainville dit de lui : « Nous l'avions vu suivre son maître dans toutes ses herborisations, au milieu des neiges et sur les monts glacés du détroit de Magellan, et porter même dans ces marches pénibles les provisions de bouche, les armes et les cahiers de plantes avec un courage et une force qui lui avaient mérité du naturaliste le surnom de sa bête de somme. »

Aotourou tournait sans cesse autour de Baret en répétant : *Ayene, ayene.* Que pouvait bien signifier cette appellation ? On apprit bientôt qu'en vocable taïtien, *ayene* voulait dire « fille ». La réputation féminine de Baret se répandit vite parmi les habitants de la Nouvelle-Cythère et le lendemain, alors que celui-ci herborisait avec son

maître, quelques insulaires vinrent lui présenter
leurs admiratifs hommages. L'un d'eux, d'une
force herculéenne, l'enleva comme une plume et
s'enfuit avec son précieux fardeau. Par hasard,
un officier de l'état-major de Bougainville se trouvait là. Il mit l'épée à la main, écarta la populace
et courut sus au ravisseur qui dut restituer le
malheureux Baret. Les équipages des vaisseaux
avaient été fort intrigués de cet incident. Un des
soldats voulut en avoir le cœur net et son indis-
crétion lui révéla d'une manière irréfutable qu'Aotourou ne s'était point trompé et que Baret était
une femme ! M. de Commerson, qui savait discerner le sexe des plantes les plus rares, ne savait
donc reconnaître les sexes que dans l'innocent
domaine de la seule botanique ? Les plaisanteries
ne furent point épargnées à l'austère naturaliste,
fondateur de prix de vertu. Quant à Baret, devenu
Jeanne Baret, *elle* continua le voyage, entourée
des prévenances de l'équipage et toujours fidèlement dévouée à son maître qui ne l'avait pas
oubliée dans le testament qu'il avait fait avant de
quitter la France. « Elle savait en s'embarquant,
écrivit Bougainville à qui elle avait avoué en
pleurant sa féminité, qu'il s'agissait de faire le
tour du monde, et ce voyage avait piqué sa curiosité. Elle sera la première, et je lui dois la justice
qu'elle s'est toujours conduite à bord avec la plus
scrupuleuse sagesse. Il faut convenir que si les
deux vaisseaux eussent fait naufrage sur quelque

île déserte de ce vaste océan, la chance eût été fort singulière pour Baret. »

*
* *

Pendant que M. de Commerson se livrait à ses tristes méditations, les navires continuaient leur route vers l'ouest. Aotourou était infiniment précieux. Il connaissait admirablement les dangereux parages de Taïti et ses avis étaient fort utiles aux navigateurs. Bougainville se félicitait d'avoir emmené cet indigène aimable et intelligent qui lui manifestait le plus profond attachement. Aotourou, fidèle à une coutume de son pays, avait fait avec le commandant français un échange de noms et, pour sceller le pacte d'amitié, il voulait qu'on l'appelât du nom de celui-ci. Comme il ne pouvait prononcer « Bougainville » autrement que « Boutavéris », c'est ainsi qu'on le désigna désormais.

A son retour en France, Bougainville fut attaqué par quelques philosophes exagérément humanitaires pour avoir « arraché » à son idéale patrie le jeune indigène. Il lui fut facile de se défendre en écrivant dans le récit de son voyage : « Le zèle de cet insulaire pour nous suivre n'a pas été équivoque. Dès les premiers jours de notre arrivée à Taïti, il nous l'a manifesté de la manière la plus expressive, et sa nation parut applaudir à son projet. Forcés de parcourir une mer inconnue, et

certains de ne devoir désormais qu'à l'humanité
des peuples que nous allions découvrir les secours
et les rafraîchissements dont notre vie dépendait,
il nous était essentiel d'avoir avec nous un homme
d'une de ces îles les plus considérables de la mer.
Ne devions-nous pas présumer qu'il parlait la
même langue que ses voisins, que ses mœurs
étaient les mêmes, et que son crédit auprès d'eux
serait décisif en notre faveur, quand il détaillerait
et notre conduite avec ses compagnons et nos procédés à son égard ? D'ailleurs, en supposant que
notre patrie voulût profiter de l'union d'un
peuple puissant, situé au milieu des plus belles
contrées de l'univers, quel gage pour cimenter
l'alliance que l'éternelle obligation dont nous
allions enchaîner ce peuple, en lui renvoyant son
concitoyen bien traité par nous et enrichi de connaissance utiles qu'il leur porterait ! Dieu veuille
que le besoin et le zèle qui nous ont inspirés ne
soient pas funestes au courageux Aotourou ! »

*
* *

Pendant quinze jours, la navigation se poursuivit sans incidents. Le 3 mai, les voyageurs aperçurent une terre au nord-ouest. Peu à peu, des
feux et des cabanes apparurent et l'on put distinguer une trentaine d'hommes qui couraient sur la
côte. Une pirogue s'approcha des vaisseaux.
Aotourou se mit nu comme les sauvages qui la

conduisaient et leur adressa la parole en langue
taïtienne. Il ne fut pas compris. Malgré tous les
signes d'amitié que les marins faisaient aux
hommes qui montaient la pirogue, ceux-ci refu-
sèrent d'accoster la *Boudeuse*. Bougainville fit
mettre un canot à la mer. Effrayés, les indigènes
s'enfuirent. Peu après, d'autres pirogues, moins
farouches, s'approchèrent. On put faire des
échanges. Les sauvages apportaient des ignames,
des noix de coco, une poule d'eau d'un superbe
plumage, de vilaines étoffes, des hameçons faits
avec des arêtes de poisson et de longues lances de
six pieds. Contre leurs marchandises, ils n'acceptèrent que de petits morceaux d'étoffe rouge,
dédaignant les clous, les couteaux et les pendants
d'oreilles dont les Taïtiens s'étaient montrés si
friands.

Ces indigènes, qui semblaient peu accueillants,
habitaient les îles d'un archipel que Bougainville
nomma « l'Archipel des Navigateurs » (ou Sa-
moa).

Le 22 mai, deux îles apparurent. La première
reçut le nom du jour de sa découverte et fut baptisée « île de la Pentecôte », la seconde qui avait
révélé ses contours au lever du soleil fut nommée
« île Aurore ». Peu après, une petite île « élevée en
pain de sucre » se dressa à l'horizon. Elle fut
baptisée « le pic de l'Étoile ».

Le lendemain, la vue d'une nouvelle côte où
l'abordage paraissait commode détermina Bou-

gainville à envoyer à terre trois canots armés afin
de faire du bois et de prendre, si cela était possible,
des rafraîchissements pour les malades, car une
grande partie des équipages et presque tous les
officiers souffraient en ce moment du scorbut. Le
débarquement n'eut pas lieu sans difficultés. Les
habitants de ce pays manifestèrent des intentions
belliqueuses et ils accueillirent les étrangers un
arc et une flèche à la main. Le prince de Nassau
s'avança courageusement vers eux. Leur humeur
farouche parut se calmer devant la distribution
d'étoffes rouges qu'on leur fit. Les matelots purent
couper du bois et obtenir, à grand'peine, quelques
fruits de ces désagréables insulaires qui, en guise
d'adieu, lancèrent une grêle de flèches et de
pierres sur les importuns qui étaient venus troubler leur barbare solitude. Quelques coups de
fusil mirent un frein à leur audace.

Le physique de ces sauvages était comme leur
âme. Bougainville fit d'eux ce tableau attrayant :
« Ces insulaires sont de deux couleurs, noirs et
mulâtres. Leurs lèvres sont épaisses, leurs cheveux
cotonnés, quelques-uns même ont la laine jaune.
Ils sont petits, vilains, mal faits, et la plupart
rongés de lèpre, circonstance qui nous a fait
nommer leur île l' « île des Lépreux ». Il parut
peu de femmes, et elles n'étaient pas moins déplai-
santes que les hommes. J'ai remarqué qu'aucun
d'eux n'avait de barbe... Notre Taïtien, qui avait
désiré être de la descente, nous a paru trouver

cette espèce d'hommes fort vilaine : il n'entendait absolument aucun mot de leur langue. »

Le 26, une terre qui semblait continue apparut au sud. Une multitude de nègres courait sur le rivage. Comme un grand enfoncement de la côte paraissait former une baie favorable au mouillage des vaisseaux, Bougainville envoya plusieurs canots armés pour reconnaître l'endroit. Un des canots s'était séparé des autres et longeait le rivage de très près. Deux flèches tirées contre lui manifestèrent les intentions souriantes des indigènes à l'endroit des visiteurs qui ripostèrent par une décharge de mousqueterie. Ces aménités se poursuivirent pendant quelques instants. Les nègres, de la même espèce que ceux de l' « île des Lépreux », poussaient des cris épouvantables et battaient d'une sorte de tambour qui rendait des sons funèbres. Bougainville rappela aussitôt le canot. « Je pris des mesures, dit-il, pour que nous ne fussions plus déshonorés par un pareil abus de la supériorité de nos forces. »

L'hostilité des indigènes rendait tout débarquement impossible. La petite exploration qu'avaient faite les canots de la *Boudeuse* n'avait cependant point été inutile au point de vue géographique. Les marins, chargés de relever cette côte que Bougainville avait crue continue, découvrirent qu' « elle n'était qu'un amas d'îles qui se croisent, en sorte que la baie n'est que la rencontre de plusieurs des canaux qui les séparent ».

Bougainville nomma toutes les îles qu'il avait découvertes depuis le 22 mai l' « Archipel des Grandes Cyclades ». C'est cet archipel que l'illustre navigateur Queiros avait, en 1606, pris pour un continent et qu'il avait appelé la « Terre Australe du Saint-Esprit ». Bougainville venait de dévoiler l'erreur qui durait depuis un siècle et demi ; mais il voulait prouver d'une façon plus définitive encore que le fameux continent n'était qu'un amas d'îles.

La plupart des géographes prétendaient que la « Terre du Saint-Esprit » ne formait qu'un même continent avec la Nouvelle-Guinée. Bougainville décida de résoudre le problème. Pour cela, il lui fallait poursuivre sa route vers l'ouest pendant cent cinquante lieues. Il eût certes été plus sage de se diriger promptement vers quelque établissement européen, car les vivres commençaient à se faire rares et on ignorait absolument s'il y aurait possibilité de ravitaillement pendant cette longue randonnée. Mais la sagesse n'est pas l'apanage des hardis navigateurs, et Bougainville était de ceux-là. Qu'importaient la famine et les dangers, s'il devait enrichir la science d'une découverte nouvelle !

CHAPITRE XII

Nombreuses découvertes
Relâche à la Nouvelle-Bretagne

Pendant douze jours, les vaisseaux poursuivirent leur route vers l'ouest. Le 10 juin, une terre apparut. C'était la « Nouvelle-Hollande » (Australie). « J'ai peu vu de pays, écrivit Bougainville, dont le coup d'œil fût plus beau. Un terrain bas, partagé en plaines et en bosquets, régnait sur le bord de la mer et s'élevait ensuite en amphithéâtre jusqu'aux montagnes dont la cime se perdait dans les nues. Le triste état où nous étions réduits ne nous permettait pas de sacrifier quelque temps à la visite de ce magnifique pays que tout annonçait être fertile et riche. »

Bougainville venait de solutionner le problème qu'il s'était proposé de résoudre. La navigation depuis la sortie des « Grandes Cyclades » jusqu'aux côtes orientales de la « Nouvelle-Hollande » avait donné la preuve évidente que la « Terre Australe du Saint-Esprit » n'était reliée à aucun continent.

Bougainville décida maintenant de remonter vers le nord-est et, après une navigation des plus

dangereuses, contrariée par des brumes et des
vents défavorables, il aperçut, le 17 mai, une
petite île que sa ressemblance avec l'île d'Ouessant
lui fit appeler du même nom. Mais « il fallait, dit-
il, payer l'honneur d'une première découverte ».

La situation était critique. Aucun ravitaillement
sérieux n'avait eu lieu depuis Taïti. Les vivres
diminuaient considérablement. La viande salée
infectait. L'eau douce se faisait rare. Les rats constituaient le régal le plus délicieux pour les navigateurs qui en étaient réduits à manger du cuir.

« Le plus cruel de nos ennemis, écrivit Bougainville, était à bord : la faim. Je fus obligé de faire
une réduction considérable sur la ration de pain et
de légumes. Il fallut aussi défendre de manger le
cuir dont on enveloppe les vergues et les autres
vieux cuirs, cet aliment pouvant donner de funestes
indigestions. Il nous restait une chèvre, compagne
fidèle de nos aventures depuis notre sortie des îles
Malouines, où nous l'avions prise. Les estomacs
affamés, dans un instant d'humeur, la condam-
nèrent à mourir : je n'ai pu que la plaindre, et le
boucher qui la nourrissait depuis si longtemps a
arrosé de ses larmes la victime qu'il immolait à
notre faim. Un jeune chien, pris dans le détroit
de Magellan, eut le même sort peu de temps après. »

La famine avait provoqué une recrudescence du
scorbut dont était maintenant victime une grande
partie de l'équipage et de l'état-major. Bougainville, avec un entrain admirable, réconfortait les

malades et veillait à ce que les soins les plus minutieux leur fussent donnés. Il conservait un merveilleux sang-froid et, avec un art consommé, dirigeait la navigation dans ces eaux redoutables semées d'obstacles de toutes sortes et où, masquée par la brume, la mort rôdait.

Le 25 juin, au lever du soleil, une haute terre se dessina. Un long cap la terminait. Le lendemain, les vaisseaux doublaient ce cap que Bougainville nomma le cap de la « Délivrance » et il appela le golfe dont le cap formait la pointe orientale, le golfe de la « Louisiade ». « C'est une terre, dit-il, que nous avions bien acquis le droit de nommer. »

Il venait de découvrir la « Louisiade » qu'aucun Européen n'avait aperçue avant lui. Il était récompensé de son endurance et des dangers qu'il avait affrontés en se lançant dans l'inconnu avec ses courageux compagnons. Bougainville songea un moment à pénétrer dans la mer des Moluques par le passage qui, à son avis, devait se trouver entre la Nouvelle-Guinée et la Nouvelle-Hollande. Mais il n'était pas sûr de l'existence de ce détroit, ignorant que le navigateur espagnol Vaez de Torrès l'avait découvert en 1606. Alors, pour ne pas courir les hasards de la recherche, il décida de continuer sa route vers le nord-est. Il espérait y trouver des îles nouvelles où il serait capable d'obtenir les vivres et les rafraîchissements tant désirés.

Le 30 juin, une île montagneuse se montra. Une douzaine de pirogues vinrent évoluer autour des

vaisseaux sans vouloir les accoster. Elles étaient
montées par des sauvages « aussi noirs que les
nègres d'Afrique ». Ils étaient armés d'arcs et
sagaies et leurs dispositions ne semblaient point
pacifiques. Bougainville envoya les canots explorer
la côte et il lui fut rapporté qu'il était impossible
d'y aborder.

Le lendemain, les vaisseaux longèrent les
rivages de cette terre dont une pluie diluvienne
leur déroba quelque temps la vue. Une jolie baie
apparut enfin. Bougainville, espérant qu'il pourrait y mouiller, fit partir les canots pour effectuer
les sondages indispensables. Pendant que ceux-ci
accomplissaient leur tâche, dix pirogues firent
leur apparition. Elles sortaient d'une anse où se
jetait une petite rivière dont les bords étaient
couverts de cabanes. Les embarcations contenaient
environ cent cinquante hommes armés d'arcs, de
lances et de boucliers. « Ces pirogues, raconta
Bougainville, s'avançaient en bon ordre, voguant
sur nos bateaux à force de rames, et lorsqu'elles
s'en jugèrent assez près, elles se séparèrent fort
lentement en deux bandes, pour les envelopper.
Les Indiens alors poussèrent des cris affreux, et,
saisissant leurs arcs et leurs lances, ils commencèrent une attaque qui devait leur paraître un jeu,
contre une poignée d'hommes. On fit sur eux une
première décharge qui ne les arrêta point ; ils continuèrent à lancer leurs flèches et leurs sagaies, se
couvrant de leurs boucliers qu'ils croyaient une

arme défensive. Une seconde décharge les mit en fuite ; plusieurs se jetèrent à la mer pour regagner la terre à la nage. On leur prit deux pirogues. Elles sont fort longues, bien travaillées. Sur le devant d'une de ces pirogues, il y avait une tête d'homme sculptée ; les yeux étaient de nacre, les oreilles d'écaille de tortue et la figure ressemblait à un masque garni d'une longue barbe ; les lèvres étaient teintées d'un rouge éclatant. On trouva dans leurs pirogues des arcs, des flèches en grand nombre, des lances, des boucliers, des cocos et plusieurs autres fruits dont nous ne connaissions pas l'espèce ; divers petits meubles à l'usage de ces Indiens, des filets à mailles très fines, artistement tissus, et une mâchoire d'homme à demi grillée. Ces insulaires sont noirs et ont les cheveux crépus qu'ils teignent en blanc, en jaune et en rouge. Leur audace à nous attaquer, l'usage de porter des armes offensives et défensives, leur adresse à s'en servir, prouvent qu'ils sont presque toujours en état de guerre. Au reste, nous avons observé, dans le cours de ce voyage, qu'en général les hommes nègres sont beaucoup plus méchants que ceux dont la couleur approche de la blanche... Nous avons nommé la rivière et l'anse d'où sont sortis ces braves insulaires, la rivière des « Guerriers » ; l'île entière et la baie : île et baie « Choiseul ».

Comme le vent était faible et que la marée était contraire, il fallut renoncer au mouillage dans la baie « Choiseul ». Et les navires reprirent leur course. Ils longèrent une île assez considérable qui était séparée de l'île Choiseul par une large passe à laquelle on donna le nom de détroit de Bougain- ville. Quant à la terre, elle devint l' « île Bougain- ville ». L'affectueuse admiration que les équipages avaient pour leur chef avait imposé à celui-ci ce double baptême qui allait immortaliser son nom sur les cartes du Pacifique.

Les voyageurs eurent, le 4 juillet, connaissance d'une autre côte, d'où se détachèrent trois pirogues. Les nègres qui les montaient accostèrent les navires après bien des hésitations. Ils montraient des noix de coco en répétant sans cesse : *bouca, bouca, ouellé*. Les Français s'empressèrent de leur resservir les mêmes mots mystérieux qui semblèrent causer un vif plaisir aux indigènes. Ceux-ci firent signe qu'ils allaient chercher des noix de coco. En s'éloi- gnant, l'un d'eux tira une flèche qui, heureuse- ment, n'atteignit personne. Comme des fusils se pointaient contre le perfide insulaire, Bougainville donna à ses hommes l'ordre de déposer leurs armes. En commentant cet incident, il écrivit dans son journal cette courte phrase qui prouve mieux que de longs exemples la noblesse de son cœur et le magnifique sentiment d'humanité qui était le sien : « Nous étions trop forts pour les punir. »

Il ne fallait pas songer à s'arrêter sur cette île inhospitalière qui, à cause du cri des indigènes, fut nommée l'île « Bouka ».

Enfin, le lendemain, 5 juillet, une île dont

l'étendue semblait immense, se montra aux regards anxieux des navigateurs. Une baie magnifique se présentait. Bougainville ordonna aussitôt le mouillage. L'intérieur du port contenait quatre ruisseaux et des arbres se dressaient au bord de la mer. On allait pouvoir faire une ample provision d'eau et de bois. L'endroit paraissait inhabité, ce qui assurait une liberté précieuse. Malheureusement, l'intérieur de l'île était dénué des fruits qui eussent été si salutaires aux voyageurs épuisés par de longues privations et principalement aux scorbutiques. Malgré les recherches faites à l'intérieur des forêts, il fut impossible de découvrir la moindre banane ni la moindre noix de coco. La pêche y était mauvaise et la chasse à peu près nulle. De gros pigeons ramiers au plumage d'azur faisaient entendre dans le lointain leur gémissement bizarre, qui ressemblait à des cris humains. Des tourterelles et des perroquets multicolores peuplaient les grands arbres, du haut desquels on entendait parfois comme l'aboiement d'un chien, ce qui provoqua un sentiment de stupeur chez M. de Commerson. Le savant naturaliste n'avait jamais cru possible que des chiens habitassent la cime des arbres. Il n'en était rien, du reste, car cet aboiement était poussé par un oiseau d'une espèce inconnue en Europe, « dont le cri, dit Bougainville, ressemble si fort à l'aboiement d'un chien qu'il n'y a personne qui ne s'y soit trompé la première fois qu'on l'entendit ».

Les chasseurs de l'expédition purent tuer quelques pigeons au plumage vert doré, au cou et au ventre gris blanc et dont la tête était ornée d'une petite crête. Cet exploit cynégétique fut à peu près le seul qui couronnât les efforts des compagnons de Bougainville. Cinq ou six sangliers firent leur apparition, mais il fut impossible de les atteindre. Par contre, ou tuait journellement des serpents, des scorpions et une quantité d'insectes dont les forêts étaient infestées. Certains spécimens de ces insectes firent la joie de M. de Commerson qui les décrivit minutieusement et les conserva pour les futures générations d'entomologistes.

Les coquillages étaient en grande abondance. Un matelot, qui était occupé à en recueillir, fut piqué dans l'eau par un serpent venimeux et ne fut sauvé qu'à force de soins et après avoir éprouvé les souffrances les plus atroces.

Comme plantes comestibles, on ne put trouver que des lataniers, des choux palmistes, quelques pommes de mangle et quelques prunes. Cette île n'était point généreuse pour les navigateurs qui durent entamer leurs dernières provisions: « Tout, dit Bougainville, se distribuait également. États-majors et équipages étaient à la même nourriture ; notre situation égalisait les hommes comme la mort. »

*
* *

Un matelot, en cherchant des coquilles, fit une

découverte extraordinaire. Il trouva, enterré dans le sable, un morceau d'une plaque de plomb sur lequel on lisait un reste de mots anglais. Bougainville sut plus tard que cette plaque avait été déposée là par le capitaine anglais Carteret qui, à bord du *Swallow*, avait fait relâche l'année précédente dans la même baie que les Français. « C'est un hasard bien singulier, dit Bougainville, que celui qui, au milieu de tant de terres, nous ramène à un point où une nation rivale venait de laisser un monument d'une entreprise semblable à la nôtre. »

Le temps était affreux. Les pluies étaient incessantes et les orages se succédaient sans interruption. Le tonnerre grondait presque continuellement. L'état des malades empirait dans ce climat constamment humide et Bougainville décida de mettre à la voile dès que les vents seraient propices.

Malgré la situation angoissante où il se trouvait, il savait encore goûter la splendeur des paysages. Rien ne peut mieux illustrer la trempe et la délicatesse de son âme que les sensations de beauté qu'il éprouvait aux heures mêmes où son cœur se serrait affreusement devant la famine menaçante et la mort probable pour lui et ses intrépides compagnons. « Nous avons tous été voir, écrivit-il, une cascade merveilleuse qui fournissait les eaux du ruisseau de *l'Étoile*. L'art s'efforcerait en vain de produire, dans le palais des rois, ce que

la nature a jeté ici dans un coin inhabité. Nous
en admirâmes les groupes saillants dont les grada-
tions presque régulières précipitent et diversifient
la chute des eaux; nous suivions avec surprise
tous ces massifs variés pour la figure et qui forment
cent bassins inégaux où sont reçues les nappes de
cristal, coloriées par des arbres immenses dont
quelques-uns ont le pied dans les bassins mêmes.
C'est bien assez qu'il existe des hommes privilégiés
dont le pinceau hardi peut nous tracer l'image de
ces beautés inimitables. Cette cascade mériterait
le plus grand peintre. »

*
* *

Bougainville soupçonnait à juste titre que l'île
où il avait relâché était la « Nouvelle-Bretagne »
et que le port où il avait mouillé et qu'il avait
baptisé « Port Praslin » en l'honneur du ministre
de la marine de Louis XV, était une partie de la
vaste baie de Saint-Georges où le navigateur
anglais William Dampier s'était arrêté en l'année
1700. Dampier avait eu la chance de faire relâche
dans un canton habité qui, ainsi que le dit Bougainville, « lui procura des rafraîchissements et
dont les productions lui firent concevoir de grandes
espérances sur ce pays ». « Et nous, qui étions
aussi indigents que lui, ajouta-t-il avec mélancolie, nous sommes tombés dans un désert qui
n'a fourni à nos besoins que du bois et de l'eau. »

C'est donc sans regrets pour le passé, mais lourd d'appréhensions pour l'avenir, que Bougainville, après avoir pris possession de la Nouvelle-Bretagne au nom du roi de France, mit à la voile, se dirigeant vers la mer des Moluques où il rencontrerait des établissements hollandais. Mais pourrait-il jamais parvenir à ce but? Il se le demandait avec angoisse, puisque, sur ses vaisseaux, avaient pris place ces deux terribles passagers : la maladie et la faim.

CHAPITRE XIII

Jours de détresse. — Relâche à Boero

Pendant quinze jours, les vaisseaux longèrent les côtes septentrionales de la Nouvelle-Bretagne, qu'ils ne perdirent pas un instant de vue. Parfois des pirogues se détachaient du rivage et venaient vers les vaisseaux. Les affreux nègres qui les montaient ne tardaient pas à manifester des dispositions perfides et belliqueuses. Quelques coups de fusil provoquaient leur fuite, qu'ils agrémentaient de formidables rugissements. Bien entendu, il ne pouvait être question d'obtenir des rafraîchissements de ces fourbes sauvages et de faire le moindre commerce avec eux. En échange des morceaux d'étoffe qu'on leur jetait pour tâcher de leur inspirer confiance, ils lançaient des pierres ou des flèches.

La situation alimentaire des navires devenait chaque jour plus grave. « Je fus forcé, écrivit Bougainville, de retrancher encore une once de pain sur la ration. Le peu qui nous restait de vivres était en partie gâté ; et dans tout autre cas, on eût jeté à la mer toutes nos salaisons : mais il fallait manger le mauvais comme le bon. Qui pouvait savoir quand cela finirait? Telle était notre situation, de souffrir en même temps du passé qui nous avait affaiblis, du présent dont les tristes détails se répétaient à chaque instant, et de l'avenir dont le terme indéterminé était le plus cruel de nos maux. Mes peines personnelles se multipliaient par celles des autres. Je dois cependant publier qu'aucun ne s'est laissé abattre, et que la patience à souffrir a été supérieure aux positions les plus critiques. Les officiers donnaient l'exemple, et jamais les matelots n'ont cessé de danser le soir, dans la disette comme dans les temps de la plus grande abondance. Il n'avait pas été nécessaire de doubler leur paye. »

Pour augmenter encore les angoisses des navigateurs, les vaisseaux n'avançaient qu'avec une extrême lenteur. Les vents, les courants et les marées contraires, les orages et les pluies torrentielles, tout semblait se liguer pour retarder leur marche.

De temps à autre, des îles se montraient, qui rendaient, à cause des récifs avoisinant leurs côtes, la navigation extrêmement difficile. Parmi ces îles, Bougainville en reconnut deux, déjà nommées par William Dampier. Une troisième retint son attention. Elle ne se trouvait point sur les cartes. « C'était, dit-il, une île plate, longue d'environ trois lieues, couverte d'arbres. Il y a sur cette île une grande quantité de cocotiers, et le bord de la mer y est couvert d'un si grand nombre de cases qu'on peut juger de là qu'elle est extrêmement peuplée. Les cases sont hautes, presque carrées, et bien couvertes. On découvrait un grand nombre de pirogues occupées à la pêche tout autour de l'île ; aucune ne parut se déranger pour nous voir passer ; et nous jugeâmes que ces habitants, qui n'étaient pas curieux, étaient contents de leur sort. Nous nommâmes cette île l'île des Anachorètes. »

*
* *

Le 11 août, une côte élevée se profila dans le lointain. La Nouvelle-Guinée était en vue. Peu après deux énormes pics dressèrent leurs pointes au milieu des terres. Bougainville les nomma « les deux Cyclopes ».

De nombreux îlots bordaient la côte. L'un d'eux, qui se détachait particulièrement, fut baptisé par le fanatique lecteur d'Antoine Hamilton « le géant Moulineau », en souvenir d'un conte de cet écrivain.

Les courants devenaient plus favorables, mais toutes tentatives faites pour recueillir des rafraîchissements demeuraient infructueuses. C'est en vain que Bougainville envoyait des détachements reconnaître les îles qui lui paraissaient d'une certaine fertilité. Ses hommes revenaient toujours les mains vides.

Quarante-cinq marins et officiers étaient maintenant atteints du scorbut. Denys, le premier maître d'équipage de la *Boudeuse*, venait de succomber à la terrible maladie. « Il était Malouin, dit Bougainville, et âgé d'environ cinquante ans, passés presque tous au service du roi. Les sentiments d'honneur et les connaissances qui le distinguaient dans son important, nous l'ont fait regretter universellement. »

Les côtes de la Nouvelle-Guinée avaient disparu. Les vaisseaux voguaient maintenant parmi les récifs et une « chaîne éternelle d'îles ». La navigation devenait infiniment périlleuse. La volonté de Bougainville et l'énergie de ses compagnons triomphèrent de tous les dangers.

Le 26 août, un immense espoir envahit tous ces hommes épuisés qui n'avaient pourtant jamais failli à leur tâche. Un sourire de joie illumina tous ces visages pâlis par la famine et par l'angoisse. La *Boudeuse* et l'*Étoile* entraient dans la mer des Moluques.

*
* *

Des îles apparaissaient ; Bougainville les fit reconnaître par ses canots. Elles étaient inhabitées et ne contenaient aucun fruit. De l'une d'elles se détacha une pirogue montée par un seul nègre, qui portait un anneau d'or à une oreille et qui avait pour armes deux sagaies. « Il aborda le canot, dit Bougainville, sans crainte ni surprise. On lui demanda à boire et à manger, et il offrit de l'eau et quelque peu d'une espèce de farine qui paraissait faire sa nourriture. On lui donna un mouchoir, un miroir et quelques bagatelles pareilles. Il riait en recevant ces présents et ne les admirait pas. Il semblait connaître les Européens, et on pensa que ce pouvait être un nègre fugitif de quelqu'une des îles voisines où les Hollandais ont des postes, ou que peut-être y avait-il été envoyé pour la pêche. »

Le 30 août, les navigateurs aperçurent une terre considérable. C'était l'île Céram, une des îles de l'archipel des Moluques.

Deux jours après, les vaisseaux se trouvaient à l'entrée d'une baie de cette île. Bougainville fit arborer « pavillon et flamme hollandaise » et il fit tirer un coup de canon. « Je fis, dit-il, une faute sans le savoir. Nous avons appris depuis que les habitants de Céram sont en guerre avec les Hollandais, qu'ils ont chassés de presque toutes les parties de leur île. Aussi courûmes-nous inutilement au bord dans la baie; les bateaux se réfugièrent à terre, et nous profitâmes du vent frais pour continuer notre route. »

Le même jour, à dix heures du soir, des feux allumés sur une terre apparurent aux voyageurs. Bougainville ne douta point que cette terre fût l'île de Boero (ou Bourou) dans laquelle la Compagnie hollandaise avait un important établissement. Les premiers rayons du jour lui révélèrent qu'il ne s'était point trompé. Avec un enthousiasme jailli

de l'âme, il décrivit les sentiments que provoqua
dans tous les cœurs la vue du port de Cajéli, qui,
aux yeux émerveillés des navigateurs, semblait
un coin de Paradis transplanté là par quelque
gigantesque fantaisie de la nature.

« Ce ne fut pas, dit-il, sans d'excessifs mouvements de joie que nous découvrîmes à la pointe
du jour l'entrée du golfe de Cajéli. C'est où les
Hollandais ont leur établissement ; c'était le terme
où devaient finir nos grandes misères. Le scorbut
avait fait parmi nous de cruels ravages depuis
notre départ du port Praslin ; personne ne pouvait
s'en dire entièrement exempt, et la moitié de nos
équipages était hors d'état de faire aucun travail. Huit jours de plus passés à la mer eussent
assurément coûté la vie à un grand nombre et la
santé à presque tous. Les vivres qui nous restaient
étaient si pourris et d'une odeur si cadavéreuse
que les moments les plus durs de nos tristes jours
étaient ceux où la cloche avertissait de prendre
ces aliments dégoûtants et malsains. Combien
cette situation embellissait encore à nos yeux le
charmant aspect des côtes de Boero ! Dès le milieu
de la nuit, une odeur agréable exhalée des plantes
aromatiques dont les îles Moluques sont couvertes
s'était fait sentir plusieurs lieues en mer, et avait
semblé l'avant-coureur qui nous annonçait la fin
de nos maux. L'aspect d'un bourg assez grand
situé au fond du golfe, celui de vaisseaux à
l'ancre, la vue des bestiaux errants dans les prai-

ries qui environnaient le bourg, causèrent des
transports que j'ai partagés sans doute et que je
ne saurais dépeindre. »

*
* *

Quand les vaisseaux eurent jeté l'ancre dans la
baie fleurie de Cajéli, deux soldats hollandais
montèrent à bord de la *Boudeuse*. C'étaient les
premiers Européens que les navigateurs voyaient
depuis leur départ de Montevideo. L'un de ces
soldats, qui parlait français, demanda à Bougainville, de la part du résident du comptoir, quels
motifs particuliers attiraient les vaisseaux dans ce
port dont l'entrée n'était permise qu'aux seuls
bateaux appartenant à la Compagnie hollandaise.
« Je renvoyai avec eux, dit Bougainville, un officier pour déclarer au résident que la nécessité de
prendre des vivres nous forçait à entrer dans le
premier port que nous avions rencontré, sans
nous permettre d'avoir égard aux traités qui inter-
disaient aux navires étrangers la relâche dans les
ports des Moluques, et que nous sortirions aussitôt
qu'il nous aurait fourni les secours dont nous
avions le plus urgent besoin. »

Les soldats revinrent peu après avec un message du résident, priant Bougainville de lui donner
par écrit une déclaration des motifs de sa relâche,
afin qu'il pût se justifier auprès de ses supérieurs.
Le commandant de la *Boudeuse* acquiesça à cette

juste demande et dès lors toutes difficultés furent aplanies.

Henri Ourman, résident de Boero et qui vivait en souverain dans cette île délicieuse, réserva aux étrangers le plus charmant accueil. Il invita même aussitôt à souper l'état-major des deux navires. Ce premier repas civilisé laissa dans l'esprit des navigateurs affamés un ineffaçable souvenir. Bougainville sut narrer avec saveur l'honneur qui fut fait à ce festin : « Le spectacle du plaisir et de l'avidité avec lesquels nous dévorions ce souper prouva au résident, dit-il, mieux que nos paroles que ce n'était pas sans raison que nous criions à la faim. Tous les Hollandais en étaient en extase; ils n'osaient manger dans la crainte de nous faire tort. Il faut avoir été marin et réduit aux extrémités que nous éprouvions depuis plusieurs mois, pour se faire une idée de la sensation que produit la vue des salades et d'un bon souper sur des gens en pareil état. Ce souper fut pour moi un des plus délicieux instants de mes jours, d'autant plus que j'avais envoyé à bord des vaisseaux de quoi y faire souper tout le monde aussi bien que nous. »

Les six jours que les Français passèrent dans cette île aimable furent six jours de réconfort et d'enchantement. Les malades qu'on avait aussitôt débarqués sentirent bien vite une amélioration sensible dans leur état. Soldats et marins s'amusaient comme des enfants à courir dans les bois, où rampaient des serpents monstrueux, mais où voltigeaient des oiseaux de rêve et des perroquets d'émeraude et de rubis.

Bougainville s'enivrait du charmant paysage « entrecoupé de bosquets, de plaines et de coteaux dont les vallons sont arrosés par de jolies rivières ». Il prit part avec ses officiers à plusieurs chasses au cerf, car il y avait dans l'île une prodigieuse quantité de ces gracieux animaux.

Il ne perdit point l'occasion d'étudier les indigènes de Boero, qui étaient composés des Maures, « observateurs zélés de la loi de Mahomet, vilains, paresseux et peu guerriers », et des libres Alfouriens qui habitaient les inaccessibles montagnes de l'intérieur de l'île.

Le résident avait ouvert sa demeure aux officiers français. « Sa maison, dit Bougainville, était la nôtre ; à toute heure on y trouvait à boire et à manger ; et ce genre de politesse en vaut bien un autre, pour qui surtout se ressentait encore de la famine. Il nous donna deux repas de cérémonie, dont la propreté, l'élégance et la bonne chère nous surprirent dans un endroit si peu considérable. La maison de cet honnête Hollandais est jolie, élégamment meublée et entièrement à la chinoise. Tout y est disposé pour y procurer du frais : elle est entourée de jardins et traversée par une rivière ; du bord de la mer on y arrive par une avenue de grands arbres. Sa femme et ses filles, habillées à la chinoise, font très bien les honneurs du logis : elles passent le temps à apprêter des fleurs pour des distillations, à nouer des bouquets et préparer du bétel. L'air qu'on respire dans cette maison agréable est délicieusement parfumé, et nous y eussions tous fait, bien volontiers, un long séjour. Quel contraste de cette existence douce et tranquille avec la vie dénaturée que nous menions depuis dix mois ! »

Aotourou, le jeune Taïtien qui avait voulu suivre Bougainville, tombait d'extases en extases, à la vue de ces choses et de ces mœurs si nouvelles pour lui. Il s'ingéniait à copier ses amis français dans les visites, à table et à la promenade. Il voulait essentiellement qu'on le prît pour un être très civilisé et très supérieur. Il ne cessait de faire comprendre aux Hollandais qu'il était chef dans son pays et qu'il voyageait « pour son plaisir, avec ses amis ». A plusieurs reprises, il demanda à Bougainville si Paris était aussi beau que le port de Cajéli.

Les jours coulaient avec une déconcertante rapidité dans ce lieu de délices. On ne pouvait cependant songer à s'y attarder. Il fallait profiter des vents favorables et se diriger vers Batavia, où Bougainville avait décidé d'avoir une longue relâche, nécessitée par les réparations urgentes à faire aux vaisseaux. On embarqua donc le bétail destiné à fournir de la viande fraîche aux équipages jusqu'à Batavia.

Il y avait dix-huit bœufs, plusieurs moutons et une considérable quantité de volailles.

Bougainville constata en recevant la facture du bon résident que le prix du bétail était colossalement élevé. Il était évident que l'aimable M. Ouman, zélé serviteur de la Compagnie hollandaise, avait fait réaliser à celle-ci de sérieux bénéfices et il était probable qu'il ne s'était pas oublié lui-même.

Le 7 septembre, les vaisseaux mirent à la voile et les voyageurs dirent un adieu fervent à l'île parfumée sur les rives fleuries de laquelle ils avaient retrouvé la joie et la santé.

CHAPITRE XIV

Le retour

Les Hollandais, pour éviter de trop grandes incursions des navires étrangers dans la mer des Moluques, qu'ils considéraient comme leur propriété, y représentaient la navigation comme extrêmement dangereuse. Bougainville eut vite fait de s'apercevoir que celle-ci, bien que semée d'écueils et de difficultés, était bien moins périlleuse que celle à laquelle il était accoutumé depuis de longs mois. Il dirigea sa course vers le détroit de Button, passage formé par le bras de mer qui s'étend entre la grande île de Célèbes et l'île de Button. Des terres fertiles s'offraient aux yeux des voyageurs. La côte orientale de Célèbes ravit leurs regards par la variété de ses plaines, de ses coteaux et de ses montagnes, où une luxuriante verdure étalait ses tons les plus éclatants.

Des pirogues venaient maintenant fréquemment accoster les vaisseaux. Les indigènes malais apportaient des poules, des œufs, des bananes et ils offraient des perruches et des cacatois au plumage éblouissant. Ils n'acceptaient en paiement de leur marchandise que de l'argent de Hollande. « Tout ce peuple, dit Bougainville, est fort basané, petit et laid. Leur religion est celle de Mahomet. Ils paraissent fins négociants, mais ils sont doux et de bonne foi. »

Le 15 septembre, un pilote malais fut embauché pour diriger la navigation dans le détroit de Button. Il s'acquitta de sa tâche avec conscience et le passage fut franchi sans incident. Les vaisseaux ne cessaient d'être entourés d'une nuée de pirogues qui « allaient et venaient, comme à une foire, chargées de rafraîchissements, de curiosités et de pièces de coton ».

Les navires débordaient maintenant de provisions. Sur les ponts, dans les hunes, on ne voyait que des volailles qui faisaient un vacarme assourdissant. Ce nouvel aspect de la *Boudeuse* et de *l'Étoile* évoquait la pittoresque activité d'une place de marché, un jour de grande foire.

Un vieillard malais, qui était vraisemblablement le père du pilote, monta à bord. Il refusa, ainsi que son fils, tous les mets qui lui furent offerts et se contenta de bananes et de bétel. Les deux Malais, fidèles observateurs de la religion musulmane, furent moins ascétiques sous le rapport de la boisson. « Le pilote et son père, dit Bougainville, burent largement de l'eau-de-vie, assurés sans doute que Mahomet n'avait défendu que le vin. »

La *Boudeuse* eut également la visite de cinq Orancaies, ou chefs, de l'île de Button. Pensant que les vaisseaux appartenaient à la Compagnie

hollandaise, ils étaient venus, dirent-ils, se ranger
à l'obéissance de la Compagnie. « Quand ils
surent, raconta Bougainville, que nous étions
Français, ils ne furent point déconcertés et dirent
que très volontiers ils offraient leurs hommages à
la France. Ils accompagnèrent leur compliment
de bienvenue du don d'un chevreuil. Je leur fis,
au nom du roi, un présent d'étoffes de soie qu'ils
partagèrent en cinq lots, et je leur appris à connaître le pavillon de la nation. Je leur proposai de
la liqueur, c'était ce qu'ils attendaient, etMahomet
leur permit d'en boire à la prospérité des souverains de Button, de la France, de la Compagnie
de Hollande, et à notre heureux voyage. Ils m'offrirent alors tous les secours qui pouvaient dépendre
d'eux, et ajoutèrent que, depuis trois ans, il avait
passé, en divers temps, trois vaisseaux anglais
auxquels ils avaient fourni eau, bois, volailles et
fruits, qu'ils étaient leurs amis et qu'ils voyaient
bien que nous le serions aussi. Dans ce moment
leurs verres étaient pleins, et ils avaient déjà
plusieurs fois vidé rasade... Les Orencaies, après
avoir pris congé de nous, firent une visite à bord
de *l'Étoile*. Ils y burent aussi à la santé de leurs
nouveaux amis, et il fallut leur prêter une main
secourable pour s'embarquer dans leurs pirogues. »

Le 19 septembre, le spectacle de la côte méridionale de Célèbes provoqua l'enthousiasme des
navigateurs. Bougainville célébra en termes
lyriques la splendeur du paysage. « Il est, en

vérité, écrivit-il, difficile de voir un plus beau pays dans le monde. La perspective offre, dans le fond du tableau, de hautes montagnes au pied desquelles règne une plaine immense, cultivée partout et partout garnie de maisons. Le bord de la mer forme une plantation suivie de cocotiers ; et l'œil d'un marin, à peine échappé aux salaisons, voit avec ravissement des troupeaux de bœufs errer dans ces plaines riantes qu'embellissent des bosquets, semés de distance en distance. »

Le 27 septembre, se devinèrent toutes les îles de la baie de Batavia et le lendemain, les navigateurs entraient avec ravissement dans le port magnifique, où ils allaient retrouver tous les raffinements de la civilisation. « Après avoir tenu la mer, dit Bougainville, pendant dix mois et demi, depuis notre départ de Montevideo, nous arrivâmes, le 28 septembre 1768, dans une des plus belles colonies de l'univers, où nous nous regardâmes tous comme ayant terminé notre voyage. »

Les autorisations indispensables ayant été obtenues, les vaisseaux furent mis en radoub et toutes les dispositions furent prises pour la relâche qui devait durer un mois. Les malades furent débarqués et confortablement installés à l'hôpital. Tous les marchés relatifs aux vivres et à la fourniture des vaisseaux furent conclus avec les hauts fonctionnaires de la Compagnie hollandaise des Indes orientales. Tous les Hollandais qui habi-

taient Batavia étaient fonctionnaires de cette compagnie, qui semblait être d'une extrême générosité avec ses dévoués serviteurs, car ceux-ci
vivaient dans une splendide opulence. Bougainville déduisit de cette prospérité magnifique que
des bénéfices personnels et peut-être pas toujours
avouables devaient s'ajouter au traitement officiel
de ces zélés fonctionnaires.

Les Français reçurent chez les hauts personnages de Batavia, qu'ils avaient été saluer, l'accueil le plus aimable et le plus cordial. Le tout-
puissant général, M. Van der Para, leur offrit tous
les secours dont ils pourraient avoir besoin.

Pendant leur séjour, Bougainville et ses compagnons furent fêtés par les membres de la
société hollandaise. Ce ne furent que repas à la
ville et à la campagne, concerts, promenades charmantes et comédies. « Nous ne nous lassions point,
raconta celui-ci, de nous promener dans les environs de Batavia. Tout Européen, accoutumé même
aux plus grandes capitales, serait étonné de la
magnificence de ses dehors. Ils sont enrichis de
maisons et de jardins superbes entretenus avec ce
goût et cette propreté qui frappent dans tous les
pays hollandais. Je ne craindrai pas de dire
qu'ils surpassent en beauté et en richesse ceux de
nos plus grandes villes de France, et qu'ils appro-
chent de la magnificence des environs de Paris. »
Mais ce qui retenait le plus le regard inquisiteur
de Bougainville, c'était « le spectacle de plusieurs

peuples qui, bien qu'opposés entièrement par les
mœurs, les usages, la religion, forment cependant
une même société ». « Tout concourait ici, dit-il,
à amuser les yeux, à instruire le navigateur, à
intéresser même le philosophe. »

Toute une population de Malais, de Chinois et
d'esclaves nègres se pressait en effet à Batavia,
dont le spectacle animé et coloré était inou-
bliable. Les rues étaient belles et spacieuses et les
canaux bordés d'arbres rehaussaient le charme de
la ville. Malheureusement, l'eau des canaux
exhalait une odeur insupportable et malsaine, de
sorte que la situation sanitaire de cette magnifique
cité était déplorable. La malaria et la dysenterie
s'y trouvaient à l'état endémique. La plus grande
partie des équipages fut atteinte de cette dernière
maladie, qui n'épargnait point les officiers. Aotourou en fut également victime, ce qui lui fit désigner désormais Batavia sous le nom d'*énoua maté*,
« la terre qui tue ».

En outre, l'état des scorbutiques ne s'améliorait
aucunement et Bougainville, craignant que le
séjour prolongé à Batavia ne fît plus de ravages
que le voyage tout entier, hâta les préparatifs de
départ.

Le 17 octobre, les vaisseaux quittaient la rade
merveilleuse et funeste, se dirigeant vers l'île de
France où Bougainville comptait faire relâche.

Après trois semaines d'une navigation aisée,

favorisée par un temps superbe et par des vents
propices, Bougainville entra dans la baie de l'île
de France. En voyant flotter sur cette terre française le pavillon fleurdelysé, il ressentit une émotion profonde. La joie de se retrouver dans ce
petit coin de la patrie fut assombrie par la mort
du chevalier du Bouchage, qui fut enlevé des
suites d'une dysenterie contractée à Batavia.
« C'était, dit Bougainville, un sujet d'un mérite
distingué, qui joignait aux connaissances qui font
le grand officier de mer, toutes les qualités du
cœur et de l'esprit qui rendent un homme précieux à ses amis. »

Peu de jours après la perte de cet excellent officier, on eut à déplorer la mort d'un jeune volon-
taire, qui était depuis quelque temps atteint de la
poitrine. Bougainville laissa à l'île de France, sur
leur demande, vingt-trois soldats, plusieurs pilo-
tins, un ingénieur et M. Verron, l'astronome qui
avait accompagné l'expédition. Saint-Germain,
l'écrivain de la *Boudeuse*, qui était sérieusement
malade du scorbut, fut débarqué dans l'île où il
se rétablit par la suite. Quant à M. de Commerson, épuisé par les mouvants caprices des flots, il
éprouva tant de joie à fouler du pied une terre
française qu'il exprima l'intention d'y rester. Il
dit à Bougainville qu'il voulait « examiner l'histoire naturelle de ces îles et de celle de Madagascar ». Sa fidèle servante, Jeanne Baret, ne voulut point se séparer de lui. Elle continua de le

soigner avec un touchant dévouement et elle lui
ferma les yeux cinq ans plus tard. Après la mort
de son maître, elle convola en justes noces avec
un soldat de l'île et revint plus tard en Europe. On
ne sait si elle raconta à ses enfants l'histoire de sa
prestigieuse métamorphose.

Bougainville demeura près de cinq semaines à
l'île de France, où il se défit des vivres et du matériel qui lui étaient devenus inutiles. Pendant son
séjour, il eut l'occasion de visiter en détail les
immenses forges qui avaient été établies dans la
petite colonie et où travaillaient neuf cents esclaves
noirs. « Il en est peu d'aussi belles en Europe,
dit-il, et le fer qu'elles fabriquent est de la première qualité. On ne conçoit pas ce qu'il a fallu de
constance et d'habileté pour perfectionner cet
établissement, et ce qu'il a coûté de frais. »

Bougainville appareilla de l'île de France le
12 décembre. Il y laissait *l'Étoile* qui avait d'importantes réparations à subir et qui revint en
France un mois après la *Boudeuse*, « n'ayant perdu
que deux hommes de maladie pendant le voyage ».
Le retour demanda trois mois. La navigation ne
présenta aucun incident notoire. Le voyage fut
agrémenté de deux relâches fort plaisantes, l'une
de huit jours au Cap, où les fonctionnaires de la
colonie hollandaise firent un accueil charmant aux
Français, et l'autre plus courte à l'île de l'Ascension. En arrivant près des côtes d'Europe, la
Boudeuse rejoignit le *Swallow*, du capitaine Car-

teret, qui l'avait précédée à la Nouvelle-Bretagne
et à Batavia. « J'offris à M. Carteret, dit Bougainville, tous les services qu'on peut se rendre à la
mer. Il n'avait besoin de rien, mais sur ce qu'il
me dit qu'on lui avait remis au Cap des lettres
pour la France, j'envoyai les chercher à son bord.
Il me fit présent d'une flèche qu'il avait eue dans
une des îles rencontrées dans son voyage autour
du monde, voyage qu'il fut loin de nous soupçonner d'avoir fait. Son navire était fort petit,
marchait très mal. Combien il a dû souffrir dans
une aussi mauvaise embarcation ! »

Le but de Bougainville était de rentrer dans la
rade de Brest, mais le mauvais état de sa mâture,
qui n'aurait pu résister aux furieuses tempêtes
de l'équinoxe sévissant alors dans les parages
du grand port breton, le détermina à conduire
sa frégate à Saint-Malo. « J'y entrai, dit-il, le
16 mars 1769, après midi, n'ayant perdu que sept
hommes en deux ans et quatre mois écoulés depuis
notre sortie de Nantes. »

La France pouvait être fière de l'intrépide navigateur qui, admirablement secondé par des hommes
dignes de leur chef, avait enrichi son domaine
colonial et scientifique de découvertes considérables et qui, le premier parmi ses fils, avait fait
flotter tout autour du monde le blanc pavillon de
sa patrie.

TROISIÈME PARTIE

LES GUERRES D'AMÉRIQUE
LA RÉVOLUTION
LA VIEILLESSE ET LA GLOIRE

CHAPITRE PREMIER

Gloire et Déceptions

La gloire auréolait Bougainville. A la cour
comme à la ville, on célébrait le héros modeste et
magnifique qui venait d'accomplir un si merveilleux exploit. Sa mémoire était assurée de
passer à la postérité. Une île et un détroit des
mers lointaines porteraient désormais son nom,
où l'on humait comme une bouffée d'air de la
douce France. Par une exquise attention, M. de
Commerson avait baptisé « Buginvillœa » une
fleur nouvelle, de l'espèce des belles-de-nuit, qu'il
avait découverte pendant le voyage. Cette fleur,
qui allait bientôt se cultiver et se multiplier pro-
digieusement dans les pays de soleil, en Orient et
dans les Indes, évoquerait à des milliers d'Européens, transplantés loin de leur patrie, le nom de
l'illustre navigateur. Les tons mauves ou pourpres
de la « Buginvillœa » consoleraient bien des nos-
talgies, car la poésie d'une fleur n'est-elle pas le
meilleur adoucissement à l'exil ?

*
**

A son retour à Paris, Bougainville eut la douleur d'apprendre la mort du bon oncle d'Arboulin, survenue pendant le voyage autour du monde. Le rude marin sentit son cœur se briser devant la perte de l'homme généreux qui l'avait aimé comme un fils et qui avait toujours été sa providence et son ami.

Le vide se faisait parmi les siens. Six ans plus tôt, son frère, Jean-Pierre, avait, lui aussi, fermé les yeux. Madame Hérault, son adorable maman, qui avait été le bon ange de sa jeunesse, n'était plus... La mort avait fauché autour de lui les êtres qui lui étaient les plus chers. C'était l'atroce loi du destin, qu'il fallait subir sans se plaindre. La seule revanche possible contre celui-ci était le culte du souvenir.

*
* *

Après avoir pris un très court repos, Bougainville se remit au travail. Il lui fallait mettre au point les cartes qu'il avait dressées pendant le voyage et rédiger toutes les observations nautiques et astronomiques qui avaient été notées en cours de route. Il allait offrir à la marine française la gerbe de ses précieuses découvertes. Quand il eut terminé ses premiers rapports techniques, il voulut ensuite écrire, à l'usage du grand public, le récit de sa circumnavigation. Il rassembla les feuillets de son journal, et deux ans après son retour, en 1771, parut *le Voyage de Bougainville*.

La vivante clarté d'un style coloré, l'absolue

sincérité de l'auteur, la merveilleuse simplicité de la narration et la saisissante évocation des aventures, toutes ces qualités assurèrent à l'ouvrage un succès foudroyant, dont Bougainville fut le premier surpris. Modeste comme tous les vrais héros, il s'excusait de la pauvreté littéraire de son œuvre et écrivait dans un discours préliminaire : « Je suis maintenant bien loin du sanctuaire des sciences et des lettres, mes idées et mon style n'ont que trop pris l'empreinte de la vie errante et sauvage que je mène depuis douze ans. Ce n'est ni dans les forêts du Canada, ni sur le sein des mers que l'on se forme à l'art d'écrire, et j'ai perdu un frère dont la plume aimée du public eût aidé la mienne. »

Bougainville, qui ne connaissait point l'égoïsme et qui voulait disperser sur ses admirables compagnons un peu de l'enthousiasme universel dont il était l'objet, tira du récit de sa longue et périlleuse navigation la conclusion suivante : « Je finirai ce discours en rendant justice au courage, au zèle et à la patience invincible des officiers et équipages de mes deux vaisseaux. Leur constance a été à l'épreuve des positions les plus critiques et leur bonne volonté ne s'est pas un instant ralentie. C'est que la nation française est capable de vaincre les plus grandes difficultés et rien n'est impossible à ses efforts toutes les fois qu'elle voudra se croire elle-même l'égale au moins de telle nation que ce soit au monde. »

*
**

Bougainville se rendit à Versailles et remit au roi le manuscrit de son livre. Louis XV fut très sensible à l'attention du navigateur. Il ne lui ménagea point les éloges et lui répéta qu'il était fier de compter dans son royaume des hommes tels que lui, qui faisaient pacifiquement rayonner dans le monde les qualités de fine intelligence et d'indomptable énergie de la race française. Le monarque assura Bougainville de toute sa bienveillance.

Une jeunesse nouvelle semblait s'être épanouie sur Versailles, où la gaîté faisait jaillir ses sources qui fusaient en rires cristallins. Madame de Pompadour, que, sans une parole de regret, Louis XV avait laissée partir pour l'autre monde, n'avait pas tardé à être remplacée dans le cœur ingrat du souverain. Celui-ci avait cueilli dans le ruisseau une fleur exquise de beauté, Jeanne Bécu, devenue comtesse du Barry par un mariage déshonorant. La favorite du jour, qui devait garder son empire jusqu'à la mort du roi, illuminait la cour de son sourire d'ange. Les fronts les plus hautains se courbaient devant elle.

L'éternel ennui du roi s'était évanoui devant l'insouciance et la bonne humeur de la jeune femme. La joie de vivre renaissait chez le vieux monarque désabusé. Les fêtes se succédaient sans relâche à la cour. Bougainville y prit sa part et

respira le grisant arome d'une civilisation raffinée, dont la seule évocation avait été pour lui
un rêve, pendant les trois dernières années. Il
avait, cependant, le goût de l'action trop enra-
ciné en lui et il était doué d'un trop clair bon
sens pour ne pas pressentir l'abîme où s'ache-
minait fatalement, dans l'enchantement des
plaisirs, cette société étincelante, oisive et cor-
rompue.

*
* *

Bougainville avait amené Aotourou à Versailles.
Le jeune Taïtien y avait fait sensation. Pendant
qu'il regardait avec ses grands yeux noirs les
splendeurs du merveilleux palais, les courtisans
s'empressaient autour de lui, les dames le
choyaient et le comblaient de présents et de bon-
bons. Sa conversation amusait beaucoup ses nobles
admiratrices, qui se pâmaient de joie en l'entendant estropier les quelques mots de français qu'il
connaissait. La duchesse de Choiseul le prit sous
sa protection et lui prodigua les fruits de son inépuisable générosité.

Aotourou se laissait faire. Il acceptait avec un
large sourire les dons qu'on lui faisait et remer-
ciait avec une politesse charmante. « Parmi le
grand nombre de personnes qui ont désiré le
voir, dit Bougainville, il a toujours remarqué
ceux qui lui ont fait du bien, et son cœur reconnaissant ne les oubliait pas. Il était particuliè-

rement attaché à Madame la duchesse de Choiseul, qui l'a comblé de bienfaits, et surtout de marques d'intérêt et d'amitié auxquelles il était infiniment plus sensible qu'aux présents. »

Bougainville avait installé le jeune Taïtien à Paris, où il eut vite fait de devenir une des curiosités de la capitale. Il aimait à sortir seul et à faire des emplettes sans le secours de qui que ce soit. On n'abusait point de son ignorance de la monnaie et « presque jamais il n'a payé les choses au delà de leur valeur ».

Sa grande joie était d'aller à l'Opéra, car « il aimait passionnément la danse ». Il se glissait dans les coulisses et contemplait avec extase les sveltes danseuses, harmonieuses comme les filles de son pays, mais revêtues d'un costume qu'il jugeait superflu.

La première fois qu'il alla visiter le Jardin du Roi (Jardin des Plantes), il vit avec émotion un arbre exotique semblable à ceux qui se dressaient dans les vertes forêts de Taïti. D'un élan, il bondit vers l'arbre et l'embrassa en pleurant. L'abbé Delille, avec sa sensiblerie coutumière, écrivit sur ce pittoresque incident un poème qui parut au deuxième chant des *Jardins* :

Un jour, dans ce jardin, où Louis, à grands frais,
De vingt climats divers, en un seul lieu rassemble
Ces peuples végétaux, surpris de croître ensemble,
L'Indien parcourait leurs tribus réunies,
Quand, tout à coup, parmi ces vertes colonies,

Un arbre qu'il connut dès ses plus jeunes ans
Frappe ses yeux. Soudain, avec des cris perçants,
Il s'élance, il l'embrasse, il le baigne de larmes,
Le couvre de baisers...
... La forêt dont ses traits perçaient l'hôte sauvage,
Les bananiers chargés et de fruits et d'ombrage,
Et le toit paternel et le bois d'alentour,
Ces bois qui répondaient à ses doux chants d'amour,
Il croit les voir encore ; et son âme attendrie,
Au moins pour un instant, retrouve sa patrie.

*
* *

Après onze mois d'un séjour sans nuages, Aotourou manifesta le désir de revoir le ciel de Taïti, vers lequel s'envolait souvent sa pensée nostalgique. Bougainville, fidèle à sa promesse, fit les démarches nécessaires pour le rapatriement de son protégé qui s'embarqua à la Rochelle au mois de mars 1770, à bord du navire le *Brisson*, lequel débarqua Aotourou à l'île de France. Le gouverneur et l'intendant de la petite colonie reçurent du ministre de la Marine l'ordre de renvoyer le jeune indigène dans son île. Bougainville consacra 36 000 francs qui constituaient le tiers de sa fortune à armer le navire destiné à ramener Aotourou dans sa patrie. Au mois d'août 1771, le vaisseau qui portait le charmant insulaire avait quitté les rives de l'île de France et voguait vers Taïti. Aotourou repassait dans son esprit les histoires merveilleuses qu'il allait raconter à ses compatriotes. Comme il saurait bien leur

évoquer les choses fabuleuses qu'il avait vues
depuis son départ! Tantôt il riait en s'imaginant
l'étonnement qu'allait causer son récit, tantôt il
s'attendrissait en songeant au doux pays qu'il
allait revoir et qu'il n'avait jamais oublié... Mais
la mort veillait. Le pauvre Aotourou, frappé de la
variole, rendit le dernier soupir avant d'avoir
atteint les vertes rives de sa patrie.

*
* *

L'apparition du *Voyage de Bougainville*,
qui avait été accueillie avec enthousiasme, avait
cependant provoqué quelques polémiques. Certains
philosophes à l'humanitarisme excessif s'étaient
émus. Ils reprochaient au navigateur d'avoir été
semer les graines pourries de la civilisation chez
des peuples primitifs, c'est-à-dire heureux. Rien
de bon ne pouvait venir de la vieille Europe.
C'était un véritable crime que d'avoir été troubler
la sérénité des sauvages, à qui la visite des hommes
blancs n'apportait jamais que ces deux fléaux: le
vice et l'esclavage.

Diderot, l'illustre encyclopédiste, se fit le porte-
parole de ces philosophes et écrivit le *Supplé-
ment au Voyage de Bougainville*. Il vantait,
certes, le livre du navigateur, mais, au nom de l'humanité, déplorait les maux qu'il était allé porter
aux peuplades innocentes des mers du Sud. Il fit
proférer à un vieillard taïtien des lugubres lamen-

tations : « Pleurez, malheureux Otaïtiens, pleurez, mais que ce soit de l'arrivée et non du départ de ces hommes ambitieux et méchants. » Puis, il imagina que le vénérable vieillard, s'adressant à Bougainville, lui disait : « Et toi, chef des brigands qui t'obéissent... laisse-nous nos mœurs ; elles sont plus sages et plus honnêtes que les tiennes ; nous ne voulons point troquer ce que tu appelles notre ignorance contre tes inutiles lumières. Tout ce qui nous est nécessaire et bon, nous le possédons. Sommes-nous dignes de mépris parce que nous n'avons pas su nous faire des besoins superflus ? Lorsque nous avons faim, nous avons de quoi manger ; lorsque nous avons froid, nous avons de quoi nous vêtir... Si tu nous persuades de franchir l'étroite limite du besoin, quand finirons-nous de travailler ? Quand jouirons-nous ? »

Avec une philosophie que n'avaient probablement point ces fougueux philosophes humanitaires, Bougainville songeait qu'il était bien difficile de contenter tout le monde... et il laissait s'épancher la bile philanthropique des penseurs.

*
* *

Bougainville n'était pas de ces hommes capables de rester longtemps dans l'inaction. Les péripéties de son voyage autour du monde n'avaient point étouffé en lui le goût des aventures. Tout au contraire, il se sentait un irrésistible besoin de se plonger de nouveau dans l'inconnu et d'élargir les horizons de la science.

Il y avait une partie du vaste univers qu'il brûlait d'explorer, une terre défendue à la curiosité des hommes par des forteresses de glace : le pôle Nord. Bougainville s'était promis d'aller planter le drapeau de la France au cœur des solitudes arctiques. Une fois là, il continuerait sa route et ferait le tour du monde, « non plus dans la direction de l'équateur, mais dans celle du méridien ». S'étant assuré le concours du fameux géographe Cassini et déployant toutes les ressources de son clair génie d'organisation, il prépara le plan de cette audacieuse expédition, avec l'espoir que celle-ci serait subventionnée par le ministère de la marine. Ses ressources personnelles, qui étaient loin d'être considérables, ne lui permettaient pas d'entreprendre un tel voyage sans l'appui financier du gouvernement. Sa fortune avait été obérée par le voyage autour du monde. L'État lui devait 5o.ooo francs pour « appointements, table et avances aux équipages ». Les caisses de la Marine étaient vides et on ne lui avait pas payé cette somme. On lui servait seulement comme compensation une maigre rente viagère.

Bougainville s'en fut trouver le ministre de la Marine, Bourgeois de Boynes. Celui-ci lui dit qu'il n'avait pas de fonds pour l'exécution du projet d'exploration polaire. Le ton dont se servit le

ministre pour exprimer son refus au navigateur
était tel qu'on aurait cru que ce dernier venait solliciter l'aide des finances publiques pour se faire
offrir une sinécure. Piqué au vif par la vexante
attitude de Bourgeois de Boynes, Bougainville lui
répondit brusquement : « Monsieur, croyez-vous
donc que ce soit pour moi une abbaye ? »

Faute de ressources, le voyage au pôle n'eut pas
lieu. Cependant, la Société Royale de Londres,
informée des obstacles qui arrêtaient son illustre
membre, le pria de lui envoyer un mémoire relatif à l'expédition projetée. Bougainville s'exécuta.
Le capitaine anglais Phipps, qui devait devenir
lord Mulgrave, tira profit des plans du célèbre
navigateur, relatifs au voyage polaire que la générosité de l'Angleterre permit à Phipps d'entreprendre. Son expédition n'eut, d'ailleurs, qu'un
demi-succès. Des deux routes possibles qu'avait
indiquées Bougainville dans son mémoire, Phipps
avait choisi celle que le glorieux Français recom-
mandait le moins.

L'ère des grands voyages était close pour Bougainville. Il n'abandonnait point la mer cependant. En 1775, en 1776 et en 1777, il avait pris
part à des évolutions d'escadre en qualité de
capitaine de vaisseau sous les ordres de brillants
marins, comme le comte de Guichen, le comte du
Chaffault et de La Motte-Picquet. Il s'initiait, avec
de tels chefs, à la stratégie navale, mais il lui en
coûtait de ne pouvoir prendre sur les océans un

essor plus vaste. En 1778, la guerre d'Amérique allait lui fournir l'occasion d'offrir ses services à sa patrie et de lui donner toute la géniale énergie qu'il n'avait pu, depuis le retour de son voyage autour du monde, sacrifier aux autels de la science.

CHAPITRE II

A l'escadre du comte d'Estaing

Le 4 juillet 1776, les treize colonies anglaises
d'Amérique, rejetant la tutelle de l'Angleterre,
proclamaient leur indépendance. Toute la France
frémit d'enthousiasme à cette nouvelle et l'espoir
de venger l'humiliation du traité de Paris naquit
dans bien des cœurs. Dès le début des hostilités
anglo-américaines, le marquis de Lafayette, qui
avait vingt ans à peine, avait acheté et équipé
une frégate à ses frais et était allé mettre son
épée au service des insurgents. Toute la noblesse
française fut emportée vers la jeune Amérique
par un élan de fraternité et de vibrante sympathie. Le duc de Lauzun, le duc de Noailles, le
comte de Ségur et bien d'autres officiers qui portaient les plus grands noms de France, partaient
comme volontaires pour l'autre côté de l'Atlantique et allaient dire à George Washington, qui
avait pris le commandement des milices américaines : « Nous voici. Nous mettons dans vos
mains la vieille bravoure de notre race. Usez-en à
votre gré pour établir l'édifice de votre jeune

république et pour vous libérer à jamais de la
domination anglaise. » Un souffle de mysticisme
guerrier planait sur la cour : « Il est heureux,
disait l'ancien ministre de Louis XV, le vieux
Maurepas, en évoquant l'enthousiasme qu'avait
déchaîné le geste de Lafayette, il est heureux qu'il
ne prenne pas fantaisie à ce jeune homme de
déménager Versailles, car il enverrait tout en
Amérique. »

Lorsque Benjamin Franklin parut en France
pour négocier l'alliance franco-américaine avec
M. de Vergennes, ministre des Affaires étrangères
de Louis XVI, il fut reçu comme un triomphateur. Ce grand savant était le plus fin des diplo-
mates. Avec ses longs cheveux sans poudre, son
costume sombre sans galons, il représentait pour
la vieille France toute la noble simplicité d'une
jeune nation. Le 17 décembre 1777, Franklin fut
avisé que le roi Louis XVI avait décidé de reconnaître l'indépendance des États-Unis et de signer
avec les Américains un traité d'amitié et de commerce. Ce traité devint définitif le 6 février 1778.
La guerre anglo-américaine devenait une guerre
anglo-française, que l'habileté de Vergennes
transforma bien vite en guerre anglo-européenne.
Le ministre obtint d'abord l'alliance de l'Espagne
et de la Hollande, ensuite il exploita le mécontentement causé à toutes les puissances maritimes
par le droit de visite des vaisseaux que s'arrogeait
l'Angleterre. Celle-ci, en effet, sous prétexte de

rechercher la contrebande de guerre, se permettait des inspections fort indiscrètes dans les navires des autres nations. Vergennes groupa, par l'intermédiaire de Catherine II et sous la direction de la Russie, le Danemark, la Prusse, la Suède, le Portugal, l'Autriche, en une ligue de neutralité armée.

L'Angleterre était isolée et la flotte française, que Choiseul avait magnifiquement réorganisée après le traité de Paris, était prête à prendre sa revanche sur sa vieille ennemie qui l'avait si longtemps et si fortement humiliée.

Le ministre de la Marine, Sartine, avait, en 1778, organisé à Toulon une escadre de douze vaisseaux, dont il donna le commandement au vice-amiral d'Estaing. La mission de celui-ci était de conduire la flotte en Amérique, en vue d'aider les insurgents et de reprendre aux Antilles, si les circonstances le permettaient, les îles que les Anglais nous avaient ravies, lors de la guerre de Sept ans.

Bougainville se trouvait à Brest, quand il reçut, le 15 mars 1778, l'ordre de se rendre à Toulon sur-le-champ pour y prendre le commandement d'un vieux navire de guerre, nommé le *Guerrier* et qui faisait partie de l'escadre du comte d'Estaing.

Le 13 avril, l'escadre du comte d'Estaing quitta la rade de Toulon et fit voile vers les lointains rivages de la nouvelle république. Bougainville n'était point particulièrement enchanté de l'antique vaisseau dont on lui avait confié le commandement, ni des marins qu'il y avait trouvés. Il ne connaissait aucun de ces derniers, qui étaient provençaux pour la plupart et qui, ne parlant que la langue provençale, ne comprenaient guère la langue de Racine qui était celle de leur commandant.

Au bout de quelques jours de navigation, Bougainville écrivait : « Depuis le départ, je suis horriblement fatigué, passant tous les jours et les nuits sur le pont, n'ayant aucun secours que de la part du maître d'équipage, homme excellent, mais qui se crève comme moi. »

L'expédition semblait n'avoir pas été des mieux préparées au point de vue du ravitaillement. Bougainville, toujours soucieux de la santé de son équipage, surveillait de très près la nourriture et mêlait du vinaigre à l'eau afin de l'assainir. Pour dissiper le mal du pays, auquel étaient en proie les pauvres matelots qu'on avait racolés à la hâte, il utilisa quelques instruments de musique découverts à bord et organisa un bal qui, vu l'absence du beau sexe, ne rappelait en rien les danses élégantes de Versailles.

Le 8 juillet, l'escadre française arriva dans la baie de Delaware, trop tard pour se mesurer avec l'escadre anglaise qui s'était mise en sûreté dans la baie de New-York.

Bougainville, dès son arrivée en Amérique, commença d'exercer ses facultés d'observateur. Il n'avait pas en les Américains une extrême confiance, et ce qu'il apprit le confirma dans son opinion. « Il y a en ce pays de fortes cabales, écrivait-il ; le grand Washington lui-même est sans cesse obligé de les combattre. Lui seul soutient l'Amérique et la défend des fers de la métropole. »

Le commandant du *Guerrier* eut à son bord un singulier incident domestique. Il dut faire mettre aux arrêts l'aumônier de son vaisseau, « le plus détestable sujet de tout genre qu'il puisse y avoir dans la milice papale ». Cet abbé avait un goût prononcé pour les puissants alcools et les éphémères plaisirs de ce monde. Son ministère s'exerçait dans les voies du diable plutôt que dans celles du Seigneur ; aussi Bougainville, soucieux que la religion fût respectée, s'arrogea des prérogatives épiscopales et, malgré les malédictions ruisselantes du prêtre, lui interdit de célébrer la messe. Cet étrange ecclésiastique fut déchu de ses fonctions par un conseil d'aumôniers réuni à Boston.

Le 21 août fut pour Bougainville un jour mémorable, marqué d'une intense émotion. Le marquis de La Fayette lui fit présent de l'épée de Montcalm qu'il avait trouvée chez un colon d'Amérique, lequel la conservait comme un précieux trophée. « Je l'ai baisée les larmes aux yeux, écrivit l'ancien aide de camp du grand héros, et elle me

devint encore plus chère par la main du jeune et
preux chevalier de qui je l'ai reçue. »

Les jours passaient, Bougainville s'indignait
des hésitations du comte d'Estaing devant la
nécessité d'abandonner Newport, que les Américains voulaient reprendre aux Anglais, avec
l'aide de la flotte française. Sa grande âme huma-
nitaire s'exprima tout entière dans cette note :
« Mais, au nom de Dieu, décidons et agissons et
qu'au moins, après les travaux indispensables à la
sécurité de l'escadre, nos équipages aient un repos
qu'ils ont bien acheté ! J'observe avec une douleur
profonde que, dans tous les conseils, dans toutes
les délibérations, on n'a jamais eu égard au
physique actuel de nos matelots et soldats, comme
si la santé des hommes n'était pas la base de toute
opération. On devrait réfléchir aussi à l'effet que
produit sur le moral l'altération du physique,
surtout quand ces hommes peuvent croire que
leurs maux viennent de la faute des chefs. » Bougainville était ému profondément de voir la misère
des équipages, la pénurie d'eau, le manque de
vivres, la maladie, le scorbut, tous les fléaux...
Sur son vaisseau, les hommes supportaient tout
sans se plaindre, car ils voyaient leur chef donner
l'exemple du stoïcisme.

Une tempête terrible avait dispersé l'escadre du
comte d'Estaing au moment où, à la demande de
Washington, elle se préparait à apporter, devant
Newport, son puissant secours aux Américains.

ANTILLES
FLORIDE
LA HAVANE
CUBA
I. des Pins
I. ANDROS
Gde Abaco
I. Eleuthère
S. Salvador
ILES BAHAMA
OU LUCAYES
I. Acklin
I. Caicos
I. Turques
Gde Inague
I. de la Tortue
Santiago
JAMAÏQUE
HAÏTI
St DOMINGUE
St Domingue
Pto Rico
Iles Vierges
St Martin
St Barthélemy
St Thomas
l. St Christophe
la Barbonde
Antigoa
la Désirade
GUADELOUPE
Marie Galante
I. Dominique
MARTINIQUE
Ste Lucie
St Vincent
Grenadines
La Grenade
la Barbade
Tabago
LA TRINITÉ
MER DES ANTILLES
ATLANTIQUE
COLOMBIE
VÉNÉZUELA
Cap St Martin
Bse Pointe
Mgne Pelée
Marigot
la Trinité
St PIERRE
la Caravelle
le Robert
le Carbet
le Lamentin
FORT DE FRANCE
St Esprit
Cap Salomon
Trois Ilets
le Vauclin
Ste Luce
Marin
Diamant
Pte des Salines
LA MARTINIQUE

L'amiral dut aller réparer ses avaries à Boston, où
les Français furent accueillis plus que froidement
par les chefs américains qui ne pardonnaient pas
aux Français d'avoir abandonné Rhode Island et
qui, oubliant la toute-puissance des éléments là
où la flotte est en jeu, leur reprochaient de n'avoir
pas apporté un concours efficace en cette circonstance. Une émeute brutale éclata à Boston. M. de
Saint-Sauveur, chef d'état-major français dans
cette ville, y fut mortellement blessé. Plusieurs
soldats français eurent des querelles sanglantes
avec les miliciens américains. Bougainville voyait
avec une tristesse désabusée se dérouler ces
fâcheux événements. Elle n'était ni jolie, ni
réconfortante, cette nouvelle fraternité d'armes !
Non, décidément, les fils du nouveau monde ne
prenaient point place dans son cœur. Il observait
leur orgueil, leurs travers et leurs puérilités. Il
s'amusait de voir l'étonnement des Américains à
la vue des soldats français que, d'après les dires
des Anglais, ils croyaient être des nains. Parlant
des femmes, il notait : « Les Américaines, tant de
haute que de moyenne vertu, n'aiment pas du tout
les Français : qu'on juge par là de l'amitié **que**
leur portent les hommes. »

Bougainville eut la surprise de voir arriver un
jour le petit-fils du chef iroquois qui l'avait adopté
lors de ses campagnes au Canada ; puisque ce chef
iroquois se considérait autrefois comme le fils **de**
Bougainville, celui-ci était donc l'arrière-grand-

père du présent visiteur. Il avait tout à fait oublié
cette descendance assez curieuse pour un céliba-
taire !

*
* *

Le comte d'Estaing quitta les rives d'Amérique
qui ne lui avaient guère été clémentes et fit voile
pour les Antilles, où la flotte anglaise s'était
rendue. « J'ignore à quelle espèce de campagne,
notait mélancoliquement Bougainville, est aujour-
d'hui propre l'escadre de Toulon, si dénuée d'agrès
et avec aussi peu de vivres... Ma foi, je ne conçois
pas qu'on mette ainsi à l'aventure la subsistance
des hommes ; je le répète pour la centième fois :
Dieu seul sait comment cela finira. »

Le 9 décembre, l'escadre jetait l'ancre au Fort
Royal de la Martinique, où Bougainville retrouva
avec une intense émotion sa fidèle compagne du
tour du monde, la *Boudeuse*. Il contemplait d'un
long regard attendri la bonne frégate, qui n'avait
point changé et qui, gracieuse et fière, continuait
de servir la France.

La France possédait aux Antilles, Sainte-Lucie
avec la Guadeloupe et la Martinique. L'Angleterre
avait la Barbade, la Dominique, Saint-Vincent,
Tabago, la Grenade, les îles Vierges, Saint-Christophe, Montserrat et plusieurs autres îlots. Bouillé,
le gouverneur français des îles du Vent, avait enlevé
la Dominique, au mois d'août de la même année
1778. Mais les Anglais allaient avoir leur revanche

et, le 14 décembre, ils attaquaient Sainte-Lucie. Le comte d'Estaing, aussitôt avisé de l'opération ennemie, avait fait mettre l'escadre sous voiles pour se porter immédiatement au secours de Bouillé. Il avait désigné Bougainville pour commander, dans l'expédition, le corps de réserve composé des troupes de la marine. « Ma vie, dit l'intrépide marin, est à l'État, sur terre comme sur mer. »

Après un premier contact avec l'ennemi où le *Guerrier* eut deux hommes tués et trois blessés, Bougainville put débarquer une partie de ses troupes et les envoya au marquis de Bouillé. Les bombardements ennemis causaient d'énormes ravages dans les rangs français, où les munitions manquaient, si bien qu'après maintes hésitations et quantité de mouvements inutiles, d'Estaing renonça à ses tentatives sur Sainte-Lucie : « Ah! disait Bougainville, que de forces donnent aux Anglais notre indécision, nos fausses et plates manœuvres que nous manifestons chaque jour! »

Cet engagement malheureux avait coûté à la France un millier d'hommes, appartenant aux troupes d'élite.

La première partie de l'année 1779 fut pour la flotte française une période de repos relatif ou plutôt « d'assoupissement qui faisait tomber les équipages au-dessous d'eux-mêmes ».

Bougainville étendit le champ pourtant illimité de ses capacités et se livra à des occupations vestimentaires. Sur l'ordre de l'amiral, il ordonna et surveilla la confection d'habits bleus, de gilets et de culottes de coutil pour les matelots destinés aux débarquements et qu'il appelait la milice « amphibie ».

D'Estaing, sans grand fracas, s'empara de Saint-Vincent et le jeu de « chassé-croisé » pour la prise et reprise des Antilles continua tout doucement. Des courtoisies s'échangeaient de temps à autre entre le comte d'Estaing et l'amiral anglais Byron, celui-là même que Bougainville avait rencontré lors de son premier voyage dans le détroit de Magellan.

Renforcé par les escadres de Grasse, de Suffren et de La Motte-Picquet, le comte d'Estaing prit la mer le 31 juin avec vingt-cinq vaisseaux. Il enleva la Grenade et engagea contre l'amiral Byron une bataille qui fut presque une victoire.

Les deux escadres, française et anglaise, se trouvaient à bout de souffle. Le comte d'Estaing résolut de regagner la France, mais comme il était plein d'orgueil, il voulut tenter un coup d'éclat afin de revenir en triomphateur dans sa patrie. Peu lui importait le désastreux état sanitaire de son équipage. Il lui fallait une auréole. « L'ambitieux vice-amiral, notait Bougainville, est instruit de l'état des hommes et des vaisseaux, et il paraît n'y avoir aucune espèce d'égard. De tous les fléaux destructeurs des pauvres humains, un ambitieux, maître de leur sort, est le pire. »

Les Anglais avaient occupé au mois de décembre
de l'année précédente la ville de Savannah, située
sur la côte de Géorgie. Le comte d'Estaing résolut
d'aller la leur reprendre. On débarqua les troupes
le 1ᵉʳ septembre et on installa des camps dont Bougainville eut vite fait de remarquer le manque
complet d'organisation.

Après six semaines d'opérations peu brillantes,
l'assaut fut donné à la ville. Il échoua complètement et l'ambitieux d'Estaing ne recueillit de
cette folle aventure qu'une blessure à la jambe.

Enfin, dans les premiers jours de novembre,
l'escadre se dirigea vers la France, pendant que
Bougainville, voyant s'éloigner les côtes de Floride,
exprimait l'amertume qu'il ressentait de cette
décevante campagne d'Amérique. « Cette escadre,
écrivait-il, qui pouvait détruire Byron, est dis-
persée, accablée de malades et d'avaries, persé-
cutée par la faim et la soif ; les troupes que l'on a
enlevées à la défense de nos colonies sont infiniment diminuées. » Il continuait ses sombres
pronostics sur l'avenir des escadres de Grasse et de
La Motte-Picquet, demeurées en souffrance dans
les eaux des Antilles.

Le 15 décembre, Bougainville, épuisé, malade,
désabusé, débarquait à Rochefort. Il maudissait
maintenant l'émancipation américaine, car il
craignait de voir se terminer en tragédie pour
la marine française la généreuse alliance que
Louis XVI avait conclue avec les insurgents.

En récompense de ses services, Bougainville fut nommé chef d'escadre (contre-amiral). Il ne crut pas devoir accepter cette promotion, qui spécifiait que le nouveau chef d'escadre ne prendrait rang qu'après un autre officier, le marquis de Vaudreuil, plus jeune que Bougainville. La fierté de celui-ci se révolta devant cette préférence accordée à un officier rouge, c'est-à-dire à un aristocrate qui avait fait sa carrière dans la marine royale, laquelle avait de tout temps été la rivale de la marine marchande, dont elle regardait les officiers roturiers, les bleus, ainsi qu'on les appelait, avec le plus profond mépris. Bougainville était considéré comme un bleu.

Il refusa donc le grade qui lui était offert et écrivit au ministre : « Si je m'appelais d'Estaing, Beauffremont, Rochechouart, de tout mon cœur, je céderais le rang à M. le marquis de Vaudreuil que je regarde comme un des meilleurs officiers généraux à tous égards que le roi puisse avoir dans sa marine. Mais, né plébéien, je dois à la classe utile des hommes qu'une vocation impérieuse entraîne au service et que leurs services doivent élever aux grades supérieurs, de ne pas autoriser, par mon consentement, les dégoûts auxquels ils ne sont que trop exposés. Sans aucun mécontentement, sans humeur, je renonce même au grade de capitaine de vaisseau. Ma position est à cet égard d'autant plus heureuse que le sacrifice me laisse tout entier au service. Je reprends le grade et le rang que la guerre m'a procurés dans les troupes de terre et que le roi a bien voulu m'y conserver. »

Par cette lettre, Bougainville protestait d'une manière éclatante contre l'injustice qui sévissait depuis des siècles dans la marine royale, où les quartiers de noblesse constituaient presque toujours les seuls titres à l'avancement. Peu importaient une expérience consommée de la navigation et toute une vie passée sur les mers... Tout cela devait céder le pas au privilège de la naissance.

En réponse à son fier message, Bougainville reçut du roi la permission de se retirer « purement et simplement » de la marine. Sa Majesté lui accordait dans l'armée de terre le grade de maréchal de camp.

Bougainville médita sur l'incurable injustice des sociétés et il se promit de ne plus demander qu'à sa conscience la récompense de ses actions.

CHAPITRE III

La dernière campagne

Les mélancoliques pensées de Bougainville eurent vite fait de s'évanouir, dès que le délabrement de sa santé eut été réparé. Il chassa de son esprit les tristes souvenirs de la dernière campagne et se mit à sourire à la vie. Il avait doublé le cap de la cinquantaine, mais son cœur, comme son visage, était resté jeune. Jusque-là, il avait, sous différents cieux, cueilli d'un doigt volage les fleurettes d'amour. Il fallait maintenant songer à parfumer de fleurs moins changeantes le reste de sa vie. Il songeait au mariage, dont il n'avait pas été jusqu'alors un apôtre bien fervent. Il se souvenait d'un proverbe, inspiré par la Sagesse des Nations et qui disait en évoquant l'hymen : « On s'adore huit jours, on se querelle trois mois et on se supporte trente ans. »

Et cependant, Louis-Antoine de Bougainville épousa au mois de novembre 1780 la plus blonde, la plus radieuse, la plus exquise jeune fille de vingt ans qui s'épanouissait sous le ciel de France. Elle était la fille d'un officier de marine de haute noblesse qui avait été tué à l'ennemi pendant la guerre de Sept ans. Par sa mère, elle descendait des Botdéru, une des plus pures et plus vieilles familles de Bretagne. Le nom que portait la fiancée de Bougainville était à lui seul une poésie : Flore-Josèphe de Longchamp de Montendre.

La jeune femme fut conquise par la prestigieuse personnalité de l'illustre marin. La lune de miel se leva, pour les époux, dans un firmament de rêve. Elle semblait n'en vouloir point descendre, lorsque, trois mois après son mariage, Bougainville dut s'arracher à l'enchantement de l'adorable Flore pour retourner aux rivages détestés de l'Amérique. La guerre, exigeante maîtresse, le réclamait là-bas. Noblesse oblige. Bougainville répéta ce qu'il avait dit déjà : « Ma vie est à l'État, sur terre comme sur mer. » Et, sans se plaindre, il partit.

*
* *

Bougainville avait été désigné pour commander l'*Auguste*, navire de guerre qui faisait partie de l'escadre du comte de Grasse que le ministre de la Marine, le maréchal de Castries, avait nommé lieutenant général et avait chargé d'aller porter secours aux insurgents d'Amérique ainsi qu'aux forces des Antilles. Le comte de Guichen avait succédé au comte d'Estaing dans la mer des Antilles et avait fait, en 1780, une brillante campagne contre l'amiral anglais Rodney. Le mauvais état

de santé du comte de Guichen ne lui permettant
point de continuer ses activités en Amérique, le
comte de Grasse allait le remplacer.

L'escadre du comte de Grasse fit, vers la fin
d'août, son entrée dans la baie de Chesapeake qui
s'enfonce dans les côtes de Virginie. Le général
anglais Cornwallis était entré dans cette province
et avait pris position sur un point de la côte, à
Yorktown, dans le but de rester en communication
par mer avec l'armée anglaise de New-York.
La Fayette, puis Washington allèrent le bloquer.
L'arrivée de la flotte de Grasse coupait à l'audacieux
Cornwallis toute communication par mer. L'escadre anglaise, commandée par les amiraux Hood
et Graves, vint attaquer les vaisseaux du comte de
Grasse qui repoussa victorieusement l'ennemi.
Cette bataille navale, où l'amiral français avait
montré de remarquables talents de stratégie, fut
décisive. Investi par terre comme par mer, Cornwallis capitula, rendant Yorktown et livrant sept
mille hommes qui constituaient l'élite des troupes
anglaises d'Amérique. Ce fut la fin des hostilités
sur le continent américain. Pendant le combat de
la Chesapeake, qui coûta aux Anglais le vaisseau le
Terrible, Bougainville, dont le navire l'*Auguste*
faisait partie de l'avant-garde, joua un rôle si glorieux que le comte de Grasse « lui rendit, en présence des généraux Washington et Rochambeau,
ce témoignage flatteur que c'était à lui qu'était dû
le compliment de la victoire ».

L'amiral français, avec son escadre, se rendit ensuite aux Antilles où il fut moins heureux que dans la baie de Chesapeake. Il tenta, en janvier 1782, de reprendre aux Anglais l'île de Saint-Christophe et dut se retirer devant l'ennemi après une désastreuse rencontre. A partir de ce moment, les malheurs s'accumulèrent sur de Grasse, à qui une noire sorcière semblait avoir jeté un sort néfaste.

Au cours de l'une des nombreuses escarmouches qui eurent lieu entre les flottes ennemies, un plaisant incident se produisit sur le navire de Bougainville. Un très loquace perroquet, nommé Kokoly, recevait l'hospitalité de l'*Auguste*. Le vocabulaire de cet oiseau était très étendu et s'augmentait journellement. Kokoly était l'objet des soins les plus tendres de l'équipage. Or, un jour qu'il y avait eu un engagement assez sérieux entre l'*Auguste* et un navire anglais, Kokoly disparut. On le chercha vainement. Tout le monde le pleurait lorsque, quarante-huit heures après sa disparition, le perroquet surgit d'un rouleau de câbles. C'est là qu'il s'était réfugié pendant que tonnait le canon. On s'empressa autour de lui et on attendit de sa part les paroles familières. Kokoly, chez qui le bruit du canon avait fait une impression profonde, cria un « Boum » formidable et, depuis ce jour, se refusa à prononcer d'autre mot que « Boum ». Il avait perdu la mémoire des paroles pacifiques et ne voulait plus, en son âme belliqueuse, que traduire à sa manière l'écho de la canonnade qui l'avait tant effrayé.

*
* *

L'amiral de Grasse perdit l'occasion d'accabler l'escadre de Hood avant sa jonction avec la flotte que Rodney amenait d'Angleterre. Une fois cette jonction opérée, il ne fut plus le maître de ses mouvements. Le 10 avril, comme il naviguait pour aller réunir ses forces à Saint-Domingue avec celles des Espagnols dans le but d'attaquer la Jamaïque, dont les cabinets de Madrid et de Versailles avaient projeté la conquête, il fut rejoint par l'amiral Rodney, près des Saintes, îlots fortifiés, situés au sud de la Guadeloupe ; la bataille s'engagea dans la matinée du 12. Les manœuvres subtiles de Rodney déconcertèrent le comte de Grasse. Le soir du 12, la flotte française, diminuée de ses meilleurs bâtiments, était en déroute et de Grasse était fait prisonnier.

Le navire de Bougainville avait été terriblement endommagé pendant la désastreuse bataille des Saintes (ou de la Dominique) et n'avait pu, de ce fait, prendre à l'action toute la part que celui-ci aurait voulu qu'il y prît. Bougainville fit cependant l'impossible et ne quitta la scène du combat qu'après être parvenu à rallier les vaisseaux de son escadre. « Le souvenir de la funeste journée du

12 avril, écrivit-il, ne sortira jamais de ma mémoire. »

Cette campagne de 1782 avait été pour le navigateur une source perpétuelle d'humiliations et de déboires. Ses rapports avec le comte de Grasse étaient empreints de la plus vive amertume. Ce dernier manifestait vis-à-vis de Bougainville toute la morgue dont les officiers rouges avaient coutume d'accabler les bleus. Le courageux marin se révoltait devant cette attitude et ne manquait point d'exprimer hautement les critiques que lui inspirait l'incapacité de son chef.

*
* *

Bougainville revint en France plus désabusé qu'il ne l'avait jamais été. A Paris, on faisait des jeux de mots sur le désastre des Saintes. On disait : « Sans l'action de Grasse, nous aurions eu un *Te Deum.* »

Le vieux maréchal de Richelieu, conseillant de donner au comte d'Estaing le commandement des armées navales, écrivait : « Après avoir rendu grâces (Grasse) à Dieu, il faut nous en remettre à notre destin (d'Estaing). »

Et comme, en France, tout finit par des chansons, on chanta des couplets satiriques contre le malheureux mais vaillant amiral que les Américains avaient surnommé « l'Intrépide Français ». On oubliait la brillante victoire de la Chesapeake pour ne se souvenir que de la défaite. Telle est l'ingratitude du peuple.

Voici quelques couplets d'une des chansons qui coururent la France à cette époque :

> Notre amiral s'est rendu
>   De la meilleure grâce,
> C'est gagné plus que perdu !
> Français, de quoi te plains-tu,
>   De grâce ?
>
> Pour qu'en de nouveaux combats
>   Notre honte s'efface,
> Anglais, armez votre bras :
> Vous ne vous demandons pas
>   De grâce.
>
> Le Français mieux soutenu
>   Saura vous faire face,
> Je ne le crois pas vaincu :
> Vous avez tout obtenu
>   Par... grâce.
>
> En France, avec agrément
>   Il n'est rien qu'on ne fasse ;
> Mais tout bon Français consent
> A se battre en ce moment
>   Sans... grâce.
>
> Que le courage estimé
>   Soit remis en sa place
> Et le pays préservé
> De tout général nommé
>   De grâce.

*
* *

A son retour de captivité, le comte de Grasse fit rejaillir sur Bougainville les responsabilités de la

défaite des Saintes. Il déclara que le commandant
de l'*Auguste* n'avait pas obéi aux ordres de
bataille envoyés par le vaisseau amiral et que son
immobilité pendant le combat avait été la cause
du désastre.

L'accusation était grave. Un conseil de guerre
fut réuni à Lorient en 1784 pour juger l'affaire
des Saintes. Bougainville se défendit avec dignité.
Il n'eut pas de peine à prouver qu'il n'avait jamais
manqué à son devoir. Le gréement de son vaisseau
était détruit et sa mâture considérablement
avariée. Dans ces conditions, Bougainville n'avait
pu que rallier les vaisseaux de l'escadre qu'il commandait et les conduire avec l'*Auguste* à l'île
de Saint-Eustache pour faire réparer leurs avaries.
Il n'avait pas voulu, en s'élançant au milieu de la
flotte ennemie, aller à un désastre inutile et certain.

Le conseil de guerre, cependant, désapprouva sa
conduite et le condamna à un blâme public.
Louis XVI, devant cette décision, crut devoir
interdire à Bougainville, pendant quelque temps,
le voisinage de la cour. Quant au comte de Grasse,
il fut acquitté par ses juges, mais le roi le condamna à l'exil dans son château de Tilly.

Une fois de plus, Bougainville médita sur l'ingratitude des hommes. Mais comme il avait le
cœur grand, il se soumit sans amertume, car, à ses
yeux, il n'avait point démérité.

FLORE DE LONGCHAMP DE MONTENDRE
COMTESSE DE BOUGAINVILLE
(1760-1806)
(D'après le portrait peint par Caillat ; appartenant à Mme de Kerallain.)

*
* *

Les années passèrent.

A Paris et dans sa terre de la Brosse, Bougainville goûta de calmes jours auprès de la blonde
Flore qu'il adorait et qui lui avait donné trois fils.
Les joies de la famille lui étaient nouvelles ; elles
lui furent douces. Il racontait à ses enfants les fantastiques aventures qu'il avait vécues. Il évoquait
devant son jeune auditoire, qui l'écoutait avec
extase, les guerres tragiques auxquelles il avait
pris part, les héroïsmes et les horreurs dont il avait
été le témoin, les visions d'enfer et de paradis
qu'il avait eues au cours de son voyage autour du
monde. Et les petits vivaient, grâce aux belles
histoires de leur père, dans l'éblouissement d'un
monde lointain, formidable...

*
* *

Peu à peu, de lourds nuages s'amoncelèrent au
ciel de France. Les premiers grondements de la
Révolution se faisaient entendre. Bougainville,
soldat et marin, ne pouvait rester impuissant
devant l'orage. Il avait une tâche à remplir. Sa
voie était tracée. Il tenterait de mettre un frein à
l'anarchie, où les premiers souffles révolutionnaires semblaient précipiter la marine française.

La Révolution — La vieillesse et la mort

1789 était venu. Le grand drame révolutionnaire se jouait. Ami des philosophes, Bougainville avait été d'abord favorable à l'expansion des idées libérales ; mais il avait vite compris que la pente trop rapide où la nation s'était engagée serait bientôt transformée en un ruisseau de sang. Le vent de liberté qui avait soufflé sur la France paraissait avoir grisé, plus que les autres, les équipages de la flotte. Ceux-ci s'étaient révoltés à Brest. Le comte Albert de Rions qui les commandait se sentait incapable de réprimer leur frénésie et de rétablir la discipline disparue. Les bourgeois de Brest s'effrayaient et réclamaient un chef qui pût modérer la fougue déchaînée de l'armée navale. Il fallait pour cela désigner l'homme qui fût le plus populaire dans la marine française. Le choix du gouvernement tomba sur Bougainville qui, le 30 octobre 1790, fut nommé commandant en chef de l'armée navale de Brest. Le 30 novembre, il arborait son pavillon sur le *Majestueux*. Il voyait, avec un serrement de cœur, flotter au mât des

vaisseaux le drapeau tricolore qui avait remplacé
le drapeau blanc des rois de France. Il l'avait tant
promené sur les mers du globe, ce clair drapeau,
il l'avait planté sur tant de terres au nom de sa
patrie, il l'avait vu claquer, fier et haut, dans tant
de victoires et tant de défaites, qu'il lui semblait
que l'âme de la France était enclose dans ses plis
et qu'avec lui partait un peu de la vieille gloire
d'antan.

Ferme et conciliant, Bougainville, qui avait toujours su se faire adorer de ses hommes, parvint
au début à rétablir l'ordre. Mais le courant révolutionnaire reprit vite le dessus. L'hystérie de la
liberté avait repris les équipages et la déesse Anarchie brandissait à nouveau son sceptre néfaste.
Bougainville comprit qu'il lui serait totalement
impossible de mater les troupes égarées par les
passions du moment et, le 5 février 1791, il se
retira.

Au mois de septembre de la même année, le
comte de Fleurieu, ministre de la Marine, s'étant
retiré, Louis XVI offrit le portefeuille vacant au
populaire marin qui refusa l'offre du roi.

Bougainville était revenu à Paris pour suivre
de près les événements qui se précipitaient. Le
1er janvier 1792, le nouveau ministre de la Marine,
le marquis de Bertrand de Molleville, comprenant que dans les grandes crises, il est indispensable à un gouvernement de s'attacher des
chefs de la valeur de Bougainville, offrit à celui-

ci le brevet de vice-amiral. Imbu de la grandeur de son devoir, Bougainville ne crut pas, en présence des nouvelles idées qui avaient présidé au remaniement de la marine, pouvoir accepter la haute position qui lui était offerte et il écrivit au ministre cette lettre où s'étalait toute la ferme dignité de son caractère : « Monsieur, j'ai reçu la lettre que vous m'avez fait l'honneur de m'écrire et la liste de la nouvelle formation de la marine. Le devoir et l'honneur me font une loi de ne pas accepter un grade éminent dont je ne pourrais pas remplir les fonctions. La discipline militaire — cette discipline sainte, sans laquelle ne peut agir, que dis-je ? ne peut exister une armée navale surtout — est anéantie. Un officier général ne saurait agir sans coopérateurs ; et je cherche vainement tous ceux qui joignaient à la théorie la science des manœuvres d'armée et la pratique des combats. Après une longue patience de leur part, les excès répétés d'une insubordination consacrée par l'impunité les ont éloignés du théâtre de leurs travaux. Daignez, Monsieur, être auprès du roi l'interprète de mes sentiments ; je serai bien malheureux si je ne puis dévouer mes derniers jours au service de mon pays et terminer ma carrière comme je l'ai commencée... »

*
* *

Les jours tragiques arrivèrent. Lorsque, le 20 juin 1792, la foule en furie eut forcé l'entrée des

Tuileries, Bougainville, loyal entre tous, était là, debout, aux côtés de son roi, prêt à mourir en gentilhomme pour le défendre. Il était là aussi, le 10 août, calme au milieu de la panique, décidé à tout, pour sauver la famille royale.

Puis ce fut la Terreur. Ne craignant rien, Bougainville ne songea point à émigrer. Sa femme et ses enfants étaient restés, au début de l'orage, dans sa propriété de la Brosse, près de Villeneuve-Saint-Georges. Cette résidence étant trop proche de Paris, Bougainville jugea plus prudent de partir avec les siens pour la Normandie. Ils se rendirent tous à la Becquetière, près d'Anneville-sur-Mer, dans le voisinage de Coutances. Là, il n'y avait point de fureurs sanguinaires, mais comme il fallait faire preuve de zèle patriotique et immoler les gloires d'hier aux dieux révolutionnaires, les autorités locales incarcérèrent Bougainville dans les prisons de la ville. Ce fut une incarcération toute familiale. Les portes de la geôle s'ouvraient facilement devant la femme et les enfants du célèbre navigateur. Quand Flore était dans l'impossibilité de venir visiter son mari, les enfants venaient voir le prisonnier et lui apportaient de la part de leur mère des provisions et de tendres billets qu'ils dissimulaient dans leurs chaussures, pour tromper la vigilance des gardiens.

Au moment où la grande terreur était à son apogée, Bougainville, jugeant que le séjour de la

Becquetière n'était plus assez sûr pour les siens,
pria sa femme d'aller se réfugier avec les enfants,
près de Saint-Malo, chez un armateur, M. Benjamin Dubois, dont l'appui lui avait été fort utile
lorsqu'il avait organisé son expédition aux îles
Malouines. Flore, revêtue de vêtements masculins,
s'embarqua avec ses trois fils dans une barque de
pêche qui devait les conduire à destination. Un
des matelots regardait avec des yeux soupçonneux
la belle passagère dont le travesti ne dissimulait
point la grâce exquise. Tout à coup, s'approchant
d'elle, il lui dit: « Toi, tu es trop jolie pour être
un homme. » Il n'avait pas plutôt prononcé ce
compliment indiscret que la blanche main de
Flore vint prendre avec sa joue un contact aussi
rapide que bruyant. Le matelot apprit ainsi, un
peu brusquement, qu'il n'est pas bon de badiner
avec certaines femmes, même lorsqu'elles sont
déguisées en hommes.

Bougainville allait être dirigé sur Paris, c'est-à-
dire sur l'échafaud, lorsque la chute de Robes-
pierre lui valut sa libération.

*
* *

Sa longue vieillesse lui apporta les honneurs
qu'il ne recherchait point. La France reconnaissait
à sa juste valeur l'homme admirable qui l'avait si
noblement servie pendant plus de quarante ans.
Le gouvernement du Directoire le fit nommer en

1795 membre du Bureau des Longitudes. La même
année, les portes de l'Institut s'ouvraient devant lui.

En 1797, le conseil des Cinq-Cents le présenta en
concurrence avec Barthélemy pour le poste de
Directeur. Ce dernier fut élu. Vers cette époque,
Bougainville rencontra le héros vers qui toute la
France avait les yeux tournés. Napoléon Bonaparte,
qui savait juger les hommes, avait voulu connaître
l'illustre navigateur.

Au retour de sa triomphale campagne d'Italie,
le général Bonaparte se rendit chez le prince de
Talleyrand, ministre des Affaires étrangères, qui
avait organisé une réception splendide en son
honneur. Bougainville était là parmi la foule
brillante où l'on reconnaissait toutes les gloires de
la France. Bonaparte arriva, pâle et brusque. Il
aperçut le célèbre marin, dont toute la vie avait
été une admirable leçon d'intelligence et d'énergie,
et, sur-le-champ, se dirigea vers lui. Bonaparte
causa longuement avec Bougainville et ignora les
autres invités qui contemplaient d'un regard
curieux la rencontre des deux héros, dont l'un
voyait se lever son étoile dans le ciel de l'avenir,
tandis que l'autre ne voyait plus briller la sienne
que dans le firmament du passé.

Bonaparte, par la suite, eut d'assez fréquents
rapports avec Bougainville, qu'il consulta pour
l'expédition d'Égypte.

Quand il fut devenu premier Consul, Napoléon
fit régler au vieux marin une pension annuelle de

4ooo francs. Il l'appelait en plaisantant « Monsieur le Royaliste ». Bougainville souriait sans contredire... Pourtant, il admirait intensément l'homme dont le puissant génie avait su tirer la France de l'anarchie.

Napoléon le fit sénateur, comte de l'Empire et grand officier de la Légion d'honneur. Il avait songé à lui pour le portefeuille de la Marine, lorsqu'il eut décidé de donner un successeur à Decrès. Il fit venir Bougainville, mais considérant les cheveux blancs du vieillard, il lui dit : « Vous êtes un peu trop âgé pour ce poste, Monsieur de Bougainville. » Celui-ci, toujours prêt à servir son pays, répondit à l'Empereur : « Sire, le vieux Nestor ne fut pas moins brillant devant Troie que le jeune Achille, et Homère ne fait pas moins l'éloge de l'un que de l'autre. »

Malgré cette délicieuse boutade, Napoléon ne donna pas suite à son idée.

*
* *

Les dernières années de Bougainville furent attristées par les deuils. Il s'était installé avec les siens à Suisnes, en Seine-et-Marne. Dans ce coin charmant de l'Ile-de-France, Bougainville se délassait en cultivant des roses. Ce fut là que, dans l'étang de la propriété, se noya, sous les yeux de sa mère, son second fils Armand. Le coup fut terrible pour Mme de Bougainville, qui, depuis ce jour

fatal, languit tristement et s'éteignit le 7 août 1806.
Bougainville eut le cœur meurtri par ces deux
pertes successives. Mais son stoïcisme eut raison de
sa douleur. Il continua de se consacrer à la science,
puisque son grand âge ne lui permettait plus de se
consacrer à sa patrie. Les trois fils qui lui restaient
— le dernier était né après la Terreur — étaient
pour lui une consolation et une fierté. L'aîné,
Hyacinthe, futur contre-amiral, avait suivi les
traces de son père et avait embrassé la carrière
d'officier de marine. Le second, Alphonse, était
officier dans les armées impériales et le troisième,
Adolphe, qui devait plus tard devenir général de
cavalerie, était page de l'Empereur.

Les jours, embellis par les grands souvenirs,
coulaient maintenant, sans heurts et sans fracas,
pour le vieux héros qui avait vu et fait tant d'admirables choses pendant sa longue vie. Sa robuste
santé ne l'abandonnait point. Son esprit scintillait
comme aux plus beaux soirs de Versailles et sa gaieté
bien française continuait de s'épanouir. Son cœur
était toujours généreux et son geste toujours large.
Entouré d'une atmosphère d'unanime respect et
d'ardente sympathie, Bougainville s'éteignit dans
sa maison de Paris, le 31 août 1811, à l'âge de
quatre-vingt-deux ans. Le 7 septembre, ses cendres
furent portées au Panthéon sur le fronton duquel
on lisait : « Aux Grands Hommes la Patrie Reconnaissante. »

*
* *

La patrie avait raison d'être reconnaissante envers cet homme, grand parmi les plus grands. C'est bien dans ce temple de gloire que devait reposer celui qui avait rayonné dans toutes les branches de l'activité humaine et qui avait fait resplendir dans le monde l'étoile de la France.

Louis-Antoine de Bougainville, homme au cœur noble, au génie universel, à l'énergie indomptable, avait atteint les plus purs sommets dans tous les domaines qu'il avait explorés.

La science, l'armée et la marine pouvaient élever des autels à celui qui les avait si bien servies et qui, semblable aux chevaliers d'antan, avait, pendant toute sa longue vie d'aventures et de dévouement, porté la tête haute, car il avait été sans peur et sans reproche.

FIN

Table des matières

Note de l'Auteur   9

PREMIÈRE PARTIE

Chap. premier. — Les Méditations de Madame de Pompa-
dour.   17
— II. — La requête de M. d'Arboulin.   23
— III. — Vers la Nouvelle-France   30
— IV. — La première victoire.   39
— V. — Hivernage.   51
— VI. — Deuxième campagne.   63
— VII. — Deuxième hivernage et troisième cam-
pagne.   72
— VIII. — La mission de Bougainville   82
— IX. — Difficile campagne.   93
— X. — L'héroïque défaite.   109

DEUXIÈME PARTIE

Chap. premier. — Activités et nouveau projet.   121
— II. — Les îles Malouines.   132
— III. — L'aube du grand voyage.   146
— IV. — La première étape : Montevideo et Buenos-
Aires.   156
— V. — La cession des Malouines et la relâche à
Rio de Janeiro   164
— VI. — Nouvelle escale à Montevideo. L'expulsion
des jésuites.   174
— VII. — L'entrée dans le détroit de Magellan et les
Patagons   187

Chap. VIII. — La sinistre traversée du détroit.   194
  —   IX. — Premières découvertes et arrivée à Taïti. .   205
  —   X. — La Nouvelle-Cythère.   215
  —   XI. — La tristesse de M. de Commerson. Découverte des Grandes-Cyclades.   229
  —   XII. — Nombreuses découvertes. Relâche à la Nouvelle-Bretagne.   238
  —   XIII. — Jours de détresse. Relâche à Boero   249
  —   XIV. — Le retour.   260

TROISIÈME PARTIE

Chap. premier. — Gloire et déceptions   271
  —   II. — A l'escadre du comte d'Estaing   283
  —   III. — La dernière campagne   297
  —   IV. — La Révolution. La vieillesse et la mort . .   307

Imprimerie J. Dumoulin, à Paris. — 1694 G.